11

十二月

农历甲辰年
十一月十一

星期三

精选案例（九十六）

【个人劳务关系中的侵权责任】

小吴雇小王为自己搬家，小王因小孙乱扔香蕉皮不慎跌倒受伤，应由谁来承担侵权责任呢？

小吴搬家时因为东西太多就雇了小王来帮忙。小王在往楼下搬家具时，路过的小孙正好扔了一块香蕉皮，导致小王滑倒受伤。那么请问此事，应该由谁来承担侵权责任呢？

精 彩 内 容
扫 码 收 听

12

十二月

农历甲辰年
十一月十二

星期四

法律解释

小王既可以要求小孙承担侵权责任，也可以要求小吴给予补偿。若小吴先行补偿后，小吴可以向小孙进行追偿。

《民法典》第一千一百九十二条首先赋予雇主对有故意或重大过失的雇员的追偿权；其次，对因第三人的行为致雇员损害的责任承担进行了明确规定，接受劳务一方仅仅是进行补偿，而非承担赔偿责任，且补偿后仍然可以向造成损害的第三人追偿。

13

十二月

农历甲辰年
十一月十三

星期五

相关法条

《民法典》第一千一百九十二条　个人之间形成劳务关系，提供劳务一方因劳务造成他人损害的，由接受劳务一方承担侵权责任。接受劳务一方承担侵权责任后，可以向有故意或者重大过失的提供劳务一方追偿。提供劳务一方因劳务受到损害的，根据双方各自的过错承担相应的责任。

提供劳务期间，因第三人的行为造成提供劳务一方损害的，提供劳务一方有权请求第三人承担侵权责任，也有权请求接受劳务一方给予补偿。接受劳务一方补偿后，可以向第三人追偿。

14

农历甲辰年
十一月十四

星期六

十二月

法律箴言

不体现民意的法律是绝对行不通的。

15

农历甲辰年
十一月十五

星期日

十二月

精选案例（九十七）

【好意同乘规则】

小陈好意开车搭载小马一起参加活动，因与张三的车相碰导致小马受伤，小陈应该承担对小马的损害赔偿责任吗？

周末某公司在山庄组织活动。职员小马准备乘坐同一小区小陈的车一起前往活动现场。途中张三因没有控制好车距，碰撞了小陈的车，导致小马受了轻伤，小陈负次要责任，张三负主要责任，小马不负责任。那么小陈应该承担对小马的损害赔偿责任吗？

精 彩 内 容
扫 码 收 听

16

十二月

农历甲辰年
十一月十六

星期一

法律解释

应该，但同时应当减轻其赔偿责任。

《民法典》第一千二百一十七条明确规定了好意同乘规则，就立法目的而言，对好意施惠者减轻责任有利于社会良善风气的形成。此次立法首先是将好意同乘限定于非营运机动车，其次规定好意同乘并非完全免责，只是减轻赔偿责任，且不适用于机动车使用人故意或重大过失情形。

实务中适用该条时应注意：1. 非营运机动车的认定应当根据发生事故时该车辆的实际情况确定，而并非仅由该车辆行驶证营运性质确定；2. 减轻的赔偿责任份额应当根据无偿搭乘人的受益程度、同乘原因综合确定；3. 如何认定重大过失，交通事故中承担主要责任的可认定为重大过失，承担同等责任的机动车驾驶员虽然可能承担超过 50% 的赔偿责任，但不宜当然推定为存在重大过失。

17

十二月

农历甲辰年
十一月十七

星期二

相关法条

《民法典》第一千二百一十七条　非营运机动车发生交通事故造成无偿搭乘人损害，属于该机动车一方责任的，应当减轻其赔偿责任，但是机动车使用人有故意或者重大过失的除外。

18

十二月

农历甲辰年
十一月十八

星期三

精选案例（九十八）

【医务人员说明义务和患者知情同意权】

医生未告知小张，直接安排其手术，是否侵犯了小张的权利呢?

小张去医院检查身体时发现体内长了一个瘤子。在小张不知道自己病情、治疗方案、治疗风险时，医生直接选择让小张手术治疗，并且安排小张三天后手术。此时小张的权利是否被侵犯了呢?

精 彩 内 容
扫 码 收 听

19

十二月

农历甲辰年
十一月十九

星期四

法律解释

是的。医生未尽到说明义务，小张对自身病情的知情同意权受到了侵害。

实践中，如未依法保障患者的知情同意权，很容易引发医患双方之间的民事争议。《民法典》第一千二百一十九条第一款明确了患者需要实施手术、特殊检查、特殊治疗的，医务人员应当及时向患者具体说明医疗风险、替代医疗方案等情况，并获取患者或其近亲属的同意。但《民法典》在“不宜”的基础上增加了“不能”向患者说明情形下需获得近亲属知情同意的规定，且对于同意的方式从形式“书面同意”到实质的“明确同意”。这样的改动给予了医务人员对患方更多的沟通选择及确认方式。此外，一旦发生纠纷，患方是否已经明确同意，根据现行《民法典》规定和举证规则，该举证责任将由医方承担。

20

十二月

农历甲辰年
十一月二十

星期五

相关法条

《民法典》第一千二百一十九条（第一款） 医务人员在诊疗活动中应当向患者说明病情和医疗措施。需要实施手术、特殊检查、特殊治疗的，医务人员应当及时向患者具体说明医疗风险、替代医疗方案等情况，并取得其明确同意；不能或者不宜向患者说明的，应当向患者的近亲属说明，并取得其明确同意。

21

十二月

农历甲辰年
十一月廿一

星期六

冬至

法律箴言

法律的理性是其灵魂所在。

22

农历甲辰年
十一月廿二

星期日

十二月

精选案例（九十九）

【违反规定未对动物采取安全措施损害责任】

小唐遛狗时未拴狗链，小明向狗扔石子后，被狗咬伤，小明能够要求小唐承担损害赔偿责任吗？

小唐养了一只金毛犬与自己做伴，取名叫小金子。因为小金子性格温顺，并且非常听话，小唐在带它出门散步时就没有拴狗链。有一天，小唐带着小金子跟往常一样在外散步时，调皮鬼小明一直使劲向小金子扔石子，结果小金子便冲过去咬伤了小明。此时小明能够要求小唐承担损害赔偿责任吗？

精 彩 内 容
扫 码 收 听

23

十二月

农历甲辰年
十一月廿三

星期一

法律解释

可以。但是由于小明自身存在故意激怒金毛犬小金子的行为，因此可以减轻小唐的赔偿责任。

《民法典》第一千二百四十六条与原《侵权责任法》第七十九条相比，增加了“但是”，即发生“但是”中:“能够证明损害是因被侵权人故意造成的”的情形可以减轻责任，但也不是免除责任。因此，该条款对动物饲养者的要求较高，出于对公共安全的考虑，动物饲养者在饲养动物的过程中应该严格遵守相关管理规定。

24

十二月

农历甲辰年
十一月廿四

星期二

相关法条

《民法典》第一千二百四十六条　违反管理规定，未对动物采取安全措施造成他人损害的，动物饲养人或者管理人应当承担侵权责任；但是，能够证明损害是因被侵权人故意造成的，可以减轻责任。

25

十二月

农历甲辰年
十一月廿五

星期三

精选案例（一百）

【高空抛物坠物责任】

私家车被高楼上不知哪一户扔出的烟灰缸砸坏玻璃，应该找谁来赔偿损失呢?

福兴小区某住户从楼上扔下一个烟灰缸，把小飞停放在楼下的私家车挡风玻璃砸坏了。那么小飞在自己的能力范围内无法得知究竟是哪一住户扔的东西时，应该找谁来赔偿损失呢?

精 彩 内 容
扫 码 收 听

26

农历甲辰年
十一月廿六

星期四

十二月

法律解释

高空抛物的侵权人是直接责任人。当无法确认直接侵权人时由公安机关介入调查。经调查仍难确定直接侵权人时，才由可能加害的建筑物使用人即该栋楼的所有业主（能证明自己不是侵权人的业主除外）给予补偿。但是，该补偿责任并非最终责任，当直接侵权人出现时，支付了补偿款的业主即可向其追偿。若物业公司没有履行安全保障措施，也应当承担相应的侵权责任。

《民法典》第一千二百五十四条明文规定了禁止从建筑物中抛掷物品的义务性条款，并且明确规定了“谁抛物谁承担”的责任归属。当无法确认直接侵权人时由公安机关介入调查。经调查仍难确定直接侵权人时，才由可能加害的建筑物使用人给予补偿。但是，该补偿责任并非最终责任，当直接侵权人出现时即可向其追偿。同时该条款敦促物业管理人加强管理，采取必要的安全保障措施，并在其未履行安全保障义务时承担相应的侵权责任，使得高空抛物、高空坠落物损害侵权责任的承担更加公平、合理，同时也能在更大程度上保证社会公共安全。

27

十二月

农历甲辰年
十一月廿七

星期五

相关法条

《民法典》第一千二百五十四条　禁止从建筑物中抛掷物品。从建筑物中抛掷物品或者从建筑物上坠落的物品造成他人损害的，由侵权人依法承担侵权责任；经调查难以确定具体侵权人的，除能够证明自己不是侵权人的外，由可能加害的建筑物使用人给予补偿。可能加害的建筑物使用人补偿后，有权向侵权人追偿。

物业服务企业等建筑物管理人应当采取必要的安全保障措施防止前款规定情形的发生；未采取必要的安全保障措施的，应当依法承担未履行安全保障义务的侵权责任。

发生本条第一款规定的情形的，公安等机关应当依法及时调查，查清责任人。

28

十二月

农历甲辰年
十一月廿八

星期六

法律箴言

世界上唯有两样东西能让我们的内心受到深深的震撼。一是我们头顶上灿烂的星空，一是我们内心崇高的道德法则。

29

农历甲辰年
十一月廿九

星期日

十二月

精选案例（一百零一）

【个人债务个人担　合意举债共同还】

常某离婚后，还需要负担前夫所欠债务吗？

常某与丈夫王某离婚后，一债主同时将两人告上法庭，称王某在婚内向其借款数万元，要求两人共同承担还款责任。债主可以要求其夫妻二人共同还债吗？

精 彩 内 容
扫 码 收 听

法律解释

不可以。

法院查明，该笔借款被王某用于打赏网络主播，不属于夫妻共同债务，判决由王某个人承担还款责任。

夫妻共同债务，是指夫妻双方合意举债或者其中一方为家庭日常生活需要所负的债务。“家庭日常生活需要”是指生活中正常的衣食住行消费、日用品购买、医疗保健、子女教育、老人赡养，以及正当的娱乐、文化消费等，其金额和目的应符合“日常性”和“合理性”。

本案中，王某未经常某同意，私自借款数万元用于打赏网络主播，明显不属于家庭日常生活需要的范围，不应认定为夫妻共同债务，常某无须为其前夫承担还款义务。

30

十二月

农历甲辰年
十一月三十

星期一

相关法条

《民法典》第一千零六十四条　夫妻双方共同签名或者夫妻一方事后追认等共同意思表示所负的债务，以及夫妻一方在婚姻关系存续期间以个人名义为家庭日常生活需要所负的债务，属于夫妻共同债务。

夫妻一方在婚姻关系存续期间以个人名义超出家庭日常生活需要所负的债务，不属于夫妻共同债务；但是，债权人能够证明该债务用于夫妻共同生活、共同生产经营或者基于夫妻双方共同意思表示的除外。

31

十二月

农历甲辰年
腊月初一

星期二

2024

壹月

SUN	MON	TUE	WED	THU	FRI	SAT
	1 元旦	2 廿一	3 廿二	4 廿三	5 廿四	6 小寒
7 廿六	8 廿七	9 廿八	10 廿九	11 腊月	12 初二	13 初三
14 初四	15 初五	16 初六	17 初七	18 初八	19 初九	20 大寒
21 十一	22 十二	23 十三	24 十四	25 十五	26 十六	27 十七
28 十八	29 十九	30 二十	31 廿一			

贰月

SUN	MON	TUE	WED	THU	FRI	SAT
				1 廿二	2 廿三	3 廿四
4 立春	5 廿六	6 廿七	7 廿八	8 廿九	9 除夕	10 春节
11 初二	12 初三	13 初四	14 初五	15 初六	16 初七	17 初八
18 初九	19 雨水	20 十一	21 十二	22 十三	23 十四	24 元宵节
25 十六	26 十七	27 十八	28 十九	29 二十		

叁月

SUN	MON	TUE	WED	THU	FRI	SAT
					1 廿一	2 廿二
3 廿三	4 廿四	5 惊蛰	6 廿六	7 廿七	8 廿八	9 廿九
10 二月	11 初二	12 初三	13 初四	14 初五	15 初六	16 初七
17 初八	18 初九	19 初十	20 春分	21 十二	22 十三	23 十四
24 十五	25 十六	26 十七	27 十八	28 十九	29 二十	30 廿一
31 廿二						

肆月

SUN	MON	TUE	WED	THU	FRI	SAT
	1 廿三	2 廿四	3 廿五	4 清明	5 廿七	6 廿八
7 廿九	8 三十	9 三月	10 初二	11 初三	12 初四	13 初五
14 初六	15 初七	16 初八	17 初九	18 初十	19 谷雨	20 十二
21 十三	22 十四	23 十五	24 十六	25 十七	26 十八	27 十九
28 二十	29 廿一	30 廿二				

伍月

SUN	MON	TUE	WED	THU	FRI	SAT
			1 劳动节	2 廿四	3 廿五	4 廿六
5 立夏	6 廿八	7 廿九	8 四月	9 初二	10 初三	11 初四
12 初五	13 初六	14 初七	15 初八	16 初九	17 初十	18 十一
19 十二	20 小满	21 十四	22 十五	23 十六	24 十七	25 十八
26 十九	27 二十	28 廿一	29 廿二	30 廿三	31 廿四	

陆月

SUN	MON	TUE	WED	THU	FRI	SAT
						1 廿五
2 廿六	3 廿七	4 廿八	5 芒种	6 五月	7 初二	8 初三
9 初四	10 端午节	11 初六	12 初七	13 初八	14 初九	15 初十
16 十一	17 十二	18 十三	19 十四	20 十五	21 夏至	22 十七
23 十八	24 十九	25 二十	26 廿一	27 廿二	28 廿三	29 廿四
30 廿五						

2024

柒月

SUN	MON	TUE	WED	THU	FRI	SAT
	1 建党节	2 廿七	3 廿八	4 廿九	5 三十	6 小暑
7 初二	8 初三	9 初四	10 初五	11 初六	12 初七	13 初八
14 初九	15 初十	16 十一	17 十二	18 十三	19 十四	20 十五
21 十六	22 大暑	23 十八	24 十九	25 二十	26 廿一	27 廿二
28 廿三	29 廿四	30 廿五	31 廿六			

捌月

SUN	MON	TUE	WED	THU	FRI	SAT
				1 建军节	2 廿八	3 廿九
4 七月	5 初二	6 初三	7 立秋	8 初五	9 初六	10 初七
11 初八	12 初九	13 初十	14 十一	15 十二	16 十三	17 十四
18 十五	19 十六	20 十七	21 十八	22 处暑	23 二十	24 廿一
25 廿二	26 廿三	27 廿四	28 廿五	29 廿六	30 廿七	31 廿八

玖月

SUN	MON	TUE	WED	THU	FRI	SAT
1 廿九	2 三十	3 八月	4 初二	5 初三	6 初四	7 白露
8 初六	9 初七	10 初八	11 初九	12 初十	13 十一	14 十二
15 十三	16 十四	17 中秋节	18 十六	19 十七	20 十八	21 十九
22 秋分	23 廿一	24 廿二	25 廿三	26 廿四	27 廿五	28 廿六
29 廿七	30 廿八					

拾月

SUN	MON	TUE	WED	THU	FRI	SAT
		1 国庆节	2 三十	3 九月	4 初二	5 初三
6 初四	7 初五	8 寒露	9 初七	10 初八	11 初九	12 初十
13 十一	14 十二	15 十三	16 十四	17 十五	18 十六	19 十七
20 十八	21 十九	22 二十	23 霜降	24 廿二	25 廿三	26 廿四
27 廿五	28 廿六	29 廿七	30 廿八	31 廿九		

拾壹月

SUN	MON	TUE	WED	THU	FRI	SAT
					1 十月	2 初二
3 初三	4 初四	5 初五	6 初六	7 立冬	8 初八	9 初九
10 初十	11 十一	12 十二	13 十三	14 十四	15 十五	16 十六
17 十七	18 十八	19 十九	20 二十	21 廿一	22 小雪	23 廿三
24 廿四	25 廿五	26 廿六	27 廿七	28 廿八	29 廿九	30 三十

拾贰月

SUN	MON	TUE	WED	THU	FRI	SAT
1 十一月	2 初二	3 初三	4 初四	5 初五	6 大雪	7 初七
8 初八	9 初九	10 初十	11 十一	12 十二	13 十三	14 十四
15 十五	16 十六	17 十七	18 十八	19 十九	20 二十	21 冬至
22 廿二	23 廿三	24 廿四	25 廿五	26 廿六	27 廿七	28 廿八
29 廿九	30 三十	31 腊月				

图书在版编目（CIP）数据

无规矩不成法. 2024 / 《无规矩不成法》编写组　主编 . — 北京：中国民主法制出版社，2023.9

ISBN 978-7-5162-3375-7

Ⅰ. ①无…　Ⅱ. ①无…　Ⅲ. ①民法—法典—中国—通俗读物　Ⅳ. ① D923.04

中国国家版本馆 CIP 数据核字（2023）第 162388 号

图书出品人：刘海涛
出 版 统 筹：周锡培
责 任 编 辑：董　理　邢　颐
封 面 设 计：苏若瑶

书　　名 / 无规矩不成法. 2024
作　　者 / 《无规矩不成法》编写组　主编

出版·发行 / 中国民主法制出版社
地址 / 北京市丰台区右安门外玉林里 7 号（100069）
电话 /（010）63055259（总编室）　63058068　63057714（营销中心）
传真 /（010）63055259
http: //www.npcpub.com
E-mail: mzfz@npcpub.com
经销 / 新华书店
开本 / 48 开　105 毫米 ×175 毫米
印张 / 16　**字数** / 80 千字
版本 / 2023 年 9 月第 1 版　　2023 年 9 月第 1 次印刷
印刷 / 北京天宇万达印刷有限公司

ISBN 978-7-5162-3375-7

书号 / ISBN 978-7-5162-3375-7
定价 / 99.00 元

相关法条

《民法典》第一千一百八十九条　无民事行为能力人、限制民事行为能力人造成他人损害，监护人将监护职责委托给他人的，监护人应当承担侵权责任；受托人有过错的，承担相应的责任。

10

农历甲辰年
十一月初十

星期二

十二月

法律解释

应该由小李的监护人老李来承担侵权责任，同时老周存在过错，也应承担相应的责任。

孩子造成了他人损害的，家长即监护人不可避免地要承担民事赔偿责任。而在处理这类纠纷时，存在受托人的，司法机关也会根据现有证据、双方过错等因素综合考量裁判结果。

09

农历甲辰年
十一月初九

星期一

十二月

精选案例（九十五）

【委托监护中的监护人和受托人侵权责任】

老李委托他人照看孩子小李时，小李刮花停靠在路边的小轿车的侵权责任应由谁承担呢？

老李因为加班，便委托朋友老周去接刚上小学的儿子小李。走在路上，老周自顾自地用手机回消息，调皮的小李捡起路边的石头刮花了停靠在路边的小轿车。那么，此时应该由谁来承担侵权责任呢？

精 彩 内 容

扫 码 收 听

08

十二月

农历甲辰年
十一月初八

星期日

法律箴言

法律的首要和主要目的是公共幸福的安排。

07

十二月

农历甲辰年
十一月初七

星期六

相关法条

《民法典》第一千一百七十七条　合法权益受到侵害，情况紧迫且不能及时获得国家机关保护，不立即采取措施将使其合法权益受到难以弥补的损害的，受害人可以在保护自己合法权益的必要范围内采取扣留侵权人的财物等合理措施；但是，应当立即请求有关国家机关处理。

受害人采取的措施不当造成他人损害的，应当承担侵权责任。

06

十二月

农历甲辰年
十一月初六

星期五

大雪

法律解释

可以。

《民法典》第一千一百七十七条规定了自助行为，其构成要件为：1. 合法权益受到侵害；2. 情况紧迫；3. 不能及时获得公力救济；4. 在必要范围内行使。民法学说上的自助行为包括拘束他人自由或他人财产，虽然该条文中仅列举扣留财物，但在必要范围之内应当包括限制侵权人人身自由。同时该条还规定措施不当超出必要范围造成损害的，应当承担侵权责任。

05

十二月

农历甲辰年
十一月初五

星期四

精选案例（九十四）

【自助行为】

小霍在饭店吃饭后没钱结账，饭店可以暂时扣留其手机吗？

小霍出门相亲，与相亲的女生相谈甚欢，于是想请女生吃饭。但吃了一半时女孩突然有急事先行离开，小霍准备付钱时发现手机已经没电关机，无法使用手机支付且自己身上未带现金。此时饭店可以临时扣留小霍的手机以保护自己的合法权益吗？

精 彩 内 容
扫 码 收 听

04

农历甲辰年
十一月初四

星期三

十二月

相关法条

《民法典》第一千一百七十六条　自愿参加具有一定风险的文体活动，因其他参加者的行为受到损害的，受害人不得请求其他参加者承担侵权责任；但是，其他参加者对损害的发生有故意或者重大过失的除外。

活动组织者的责任适用本法第一千一百九十八条至第一千二百零一条的规定。

03

十二月

农历甲辰年
十一月初三

星期二

法律解释

不能。

《民法典》第一千一百七十六条规定自愿参加具有一定风险的文体活动，因其他参加者的行为受到损害的，应该由自己承担风险。其中“文体活动”应作广义解释。在《民法典》中，意思自治和责任自负实际上是一枚硬币的两面。《民法典》保护那些不幸遭遇风险的人，但对于那些出于自愿选择承担更多风险的人，《民法典》还是想提醒其既然是自己的选择，就要勇于承担责任。

02

十二月

农历甲辰年
十一月初二

星期一

精选案例（九十三）

【自甘风险】

自愿参加足球比赛不慎受伤后，能要求他人承担侵权责任吗？

小路和小马一起参加了学校组织的足球比赛，小路一脚射门，作为守门员的小马立刻朝足球扑了过去，结果被球砸中小腿导致骨折。此时，小马能够要求小路承担侵权责任吗？

精彩内容
扫码收听

01

十二月

农历甲辰年
十一月初一

星期日

法律箴言

是法平等，无有高下。

拾贰月

拾贰月

SUN	MON	TUE	WED	THU	FRI	SAT
1 十一月	2 初二	3 初三	4 初四	5 初五	6 **大雪**	7 初七
8 初八	9 初九	10 初十	11 十一	12 十二	13 十三	14 十四
15 十五	16 十六	17 十七	18 十八	19 十九	20 二十	21 **冬至**
22 廿二	23 廿三	24 廿四	25 廿五	26 廿六	27 廿七	28 廿八
29 廿九	30 三十	31 腊月				

30

农历甲辰年
十月三十

星期六

十二月

相关法条

《民法典》第一千一百六十三条　既有法定继承又有遗嘱继承、遗赠的，由法定继承人清偿被继承人依法应当缴纳的税款和债务；超过法定继承遗产实际价值部分，由遗嘱继承人和受遗赠人按比例以所得遗产清偿。

29

十二月

农历甲辰年
十月廿九

星期五

法律解释

先由法定继承人在其继承的财产范围内进行清偿，超过的部分由朋友老张和亲哥哥按照所得遗产的比例进行偿还。

《民法典》第一千一百六十三条规定了在多种遗产取得方式并存的情况下，税款和债务优先由法定继承人承担，超过法定继承遗产实际价值部分再由遗嘱继承人和受遗赠人按比例以所得遗产清偿，体现了法定继承人的责任优先于遗嘱继承人和受遗赠人。

28

农历甲辰年
十月廿八

星期四

十二月

精选案例（九十二）

【既有法定继承又有遗嘱继承、遗赠时税款和债务的清偿】

被继承人老杨的遗产分割完后，其债务应由谁偿还呢？

老杨一辈子省吃俭用，攒下了 60 万元人民币的个人财产。他生前立下遗嘱，其财产的 20% 赠送给年轻时帮助过自己的朋友老张，30% 由自己的亲哥哥继承，剩下 50% 的财产法定继承。在老杨去世后，他还有部分债务未还清。那么这些债务应该由谁来偿还呢？

精 彩 内 容
扫 码 收 听

27

十二月

农历甲辰年
十月廿七

星期三

相关法条

《民法典》第一千一百六十条　无人继承又无人受遗赠的遗产，归国家所有，用于公益事业；死者生前是集体所有制组织成员的，归所在集体所有制组织所有。

26

十二月

农历甲辰年
十月廿六

星期二

法律解释

归国家所有，用于公益事业。

无人继承又无人受遗赠的遗产，是指没有继承人，亦没有受遗赠人承受的遗产，主要包括以下情形：1. 被继承人没有法定继承人，又未立遗嘱，也没有指定受遗赠人，亦未同他人签订遗赠扶养协议；2. 被继承人的法定继承人、遗嘱继承人全部放弃继承，受遗赠人全部放弃受遗赠；3. 被继承人的法定继承人、遗嘱继承人全部丧失继承权，受遗赠人全部丧失受遗赠权；4. 被继承人只用遗嘱处分了一部分遗产，在没有法定继承人的情况下，未予处分的那部分遗产也属于无人继承的遗产；5. 被继承人虽用遗嘱处分了遗产，但遗嘱被认定为无效，且又没有继承人的；6. 所有继承人均被剥夺继承权等。

25

十二月

农历甲辰年
十月廿五

星期一

精选案例（九十一）

【无人继承的遗产的归属】

小陶去世后没有继承人，那么他的遗产应该如何处理呢？

小陶从小在孤儿院长大。大学毕业后便开始创业，经过几年的奋斗攒下不少积蓄。但天有不测风云，他在一次车祸中丧生。小陶没有法定继承人，也没来得及立下遗嘱，那么他的遗产应该如何处理呢？

精 彩 内 容
扫 码 收 听

24

十二月

农历甲辰年
十月廿四

星期日

法律箴言

法律乃公正之准绳。

23

十二月

农历甲辰年
十月廿三

星期六

相关法条

《民法典》第一千一百五十八条　自然人可以与继承人以外的组织或者个人签订遗赠扶养协议。按照协议，该组织或者个人承担该自然人生养死葬的义务，享有受遗赠的权利。

22

农历甲辰年
十月廿二

星期五

十一月

小雪

法律解释

只要老王意识清楚、有完全民事行为能力，可以与养老院签订遗赠扶养协议。

遗赠扶养协议是指自然人与继承人以外的组织或者个人签订的关于扶养人扶养被扶养人，被扶养人将财产遗赠给扶养人的协议。目的是为了解决无法定扶养义务人、法定扶养义务人没有扶养能力或不愿尽法定抚养义务时，被扶养人的生养死葬问题。《民法典》第一千一百五十八条确定了遗赠扶养协议的法律地位，扩大扶养人范围，改为“继承人以外的组织或者个人”，同时保留了扶养人的权利义务，该规定弥补了过去法律规定的不足，有效填补了立法空缺。

21

十二月

农历甲辰年
十月廿一

星期四

精选案例（九十）

【遗赠扶养协议】

老王可以直接跟养老院签订遗赠扶养协议吗?

老王的孩子小王工作十分繁忙，不愿意赡养老王，也不想继承老王遗产。老王心灰意冷，便住进了养老院。为了能够更好地安享晚年，老王可以直接跟养老院签订遗赠扶养协议吗?

精 彩 内 容
扫 码 收 听

20

十二月

农历甲辰年
十月二十

星期三

相关法条

《民法典》第一千一百四十五条　继承开始后，遗嘱执行人为遗产管理人；没有遗嘱执行人的，继承人应当及时推选遗产管理人；继承人未推选的，由继承人共同担任遗产管理人；没有继承人或者继承人均放弃继承的，由被继承人生前住所地的民政部门或者村民委员会担任遗产管理人。

《民法典》第一千一百四十七条　遗产管理人应当履行下列职责：

（一）清理遗产并制作遗产清单；

（二）向继承人报告遗产情况；

（三）采取必要措施防止遗产毁损、灭失；

（四）处理被继承人的债权债务；

（五）按照遗嘱或者依照法律规定分割遗产；

（六）实施与管理遗产有关的其他必要行为。

19

农历甲辰年
十月十九

星期二

十二月

法律解释

小金有权要求大金报告遗产使用情况。

随着社会经济的快速发展，自然人死亡时遗留的个人合法财产价值越来越高，形式和内容也越来越多样，急需设立遗产管理人制度，以适应日益复杂的遗产纠纷问题。

关于遗产管理人制度，《民法典》第一千一百四十五条至一千一百四十九条分别规定了遗产管理人的选任、指定、职责以及遗产管理人未尽职责的民事责任、遗产管理人的报酬请求权，对该制度作出了详细规定，填补了原有立法在遗产管理人制度上的欠缺，增强了继承法律制度的可操作性。在《民法典》颁布实施后，继承人可就遗产分配、处置、管理等事项产生的纠纷向人民法院提起诉讼。

18

十二月

农历甲辰年
十月十八

星期一

精选案例（八十九）

【遗产管理人的职责】

未被选任遗产管理人能够监督遗产的使用情况吗?

老金育有两名子女，他去世时留有一份遗嘱，上面载明自己去世后，所有遗产都用来修建祖坟，由大儿子大金作为遗嘱的执行人，代为保管该款项。小女儿小金认为，大金私自用遗产给自己的儿子买房且不告诉小金遗产的使用情况。小金是否有权要求大金报告遗产使用情况?

精 彩 内 容
扫 码 收 听

17

十二月

农历甲辰年
十月十七

星期日

法律箴言

优秀的法官能够拓展正义的疆域。

16

十二月

农历甲辰年
十月十六

星期六

相关法条

《民法典》第一千一百四十二条　遗嘱人可以撤回、变更自己所立的遗嘱。

立遗嘱后，遗嘱人实施与遗嘱内容相反的民事法律行为的，视为对遗嘱相关内容的撤回。

立有数份遗嘱，内容相抵触的，以最后的遗嘱为准。

15

十二月

农历甲辰年
十月十五

星期五

法律解释

有效。

原《继承法》第二十条规定，遗嘱人可以撤销、变更自己所立的遗嘱；立有数份遗嘱，内容相抵触的，以最后的遗嘱为准；自书、代书、录音、口头遗嘱，不得撤销、变更公证遗嘱。强调了公证遗嘱相较于其他遗嘱形式具有优先效力。而《民法典》对上述规定作出修改，删除了公证遗嘱效力优先的规定，体现了对遗嘱人真实意愿的尊重。

14

十二月

农历甲辰年
十月十四

星期四

精选案例（八十八）

【遗嘱的撤回、变更及效力顺位】

张大爷临终前立的自书遗嘱能够对抗其先前立的公证遗嘱吗?

张大爷膝下有两个儿子，他曾公证了一份遗嘱，财产由两个儿子平均继承。张大爷一直住在大儿子家，大儿子对其悉心照料，而小儿子却对父亲不闻不问。因此，张大爷临终前又立了一份自书遗嘱（该遗嘱符合有效遗嘱的全部要件），将所有财产都留给大儿子，这份遗嘱有效吗?

精彩内容
扫码收听

13

农历甲辰年
十月十三

星期三

十二月

相关法条

《民法典》第一千一百三十七条　以录音录像形式立的遗嘱，应当有两个以上见证人在场见证。遗嘱人和见证人应当在录音录像中记录其姓名或者肖像，以及年、月、日。

12

十二月

农历甲辰年
十月十二

星期二

法律解释

不能。根据《民法典》的相关规定，以录音录像形式立的遗嘱，应当有两个以上见证人在场见证。因老孙的录像中并未有两个以上见证人在场见证，且没有遗嘱人和见证人在该录像中记录其姓名或者肖像，以及年、月、日。所以，这份录像遗嘱不能作为老孙的有效遗嘱。

此次《民法典》继承编保留了原《继承法》规定的五种遗嘱方式：自书遗嘱、代书遗嘱、录音遗嘱、口头遗嘱和公证遗嘱，同时新增了两种法定遗嘱形式，即打印遗嘱和录像遗嘱，订立遗嘱更加便捷自由。

《民法典》第一千一百三十七条对录像遗嘱予以明确。录像遗嘱通常是以录像机、照相机、手机等可以录制声音和影像的器材所录制的遗嘱人的遗嘱。相比于录音遗嘱，录像遗嘱既可以记录遗嘱人的声音，也可以记录其影像，更能直观地反映立遗嘱人的真实状态和意思表示。但需要注意的是，在遗嘱形式上，将原来的“录音遗嘱”修改为“录音录像遗嘱”，在遗嘱人和见证人的确认方式上，增加了遗嘱人和见证人应当在录音录像中记录其姓名或者肖像的内容；在立遗嘱的日期规定上，增加了遗嘱人和见证人应当在录音录像中记录年、月、日的内容。这些规定确保了遗嘱的真实性及针对有多份遗嘱的情况下，鉴别哪份才是最后的遗嘱。

11

十一月

农历甲辰年
十月十一

星期一

精选案例（八十七）

【录音录像遗嘱】

没有见证人的录像遗嘱有效吗?

老孙生前购买了一套房屋并登记在自己名下，他去世时留有一份录像遗嘱，表示要将该房屋给大儿子，大儿子分别给二儿子42万元、小女儿30万元作为补偿。那么这份录像遗嘱能够作为老孙的有效遗嘱吗?

精彩内容
扫码收听

10

农历甲辰年
十月初十

星期日

十一月

法律箴言

真相无所惧，唯怕被隐瞒。

09

农历甲辰年
十月初九

星期六

十二月

相关法条

《民法典》第一千一百二十八条　被继承人的子女先于被继承人死亡的，由被继承人的子女的直系晚辈血亲代位继承。

被继承人的兄弟姐妹先于被继承人死亡的，由被继承人的兄弟姐妹的子女代位继承。

代位继承人一般只能继承被代位继承人有权继承的遗产份额。

《民法典》第一千一百五十二条　继承开始后，继承人于遗产分割前死亡，并没有放弃继承的，该继承人应当继承的遗产转给其继承人，但是遗嘱另有安排的除外。

08

农历甲辰年
十月初八

星期五

十二月

法律解释

属于老吴的遗产继承应分成三份：老吴老伴儿一份、大吴直系晚辈血亲一份、二吴一份。大吴因在老吴去世前死亡，则他的那份由大吴的直系晚辈血亲代位继承；二吴因在老吴去世后，遗产分割前死亡，则他的那份由二吴的继承人转继承。

《民法典》第一千一百二十八条扩大了原《继承法》规定的法定继承人的范围，新增了关于被继承人的兄弟姐妹的子女可以代位继承的内容，旨在最大限度地保护私有财产的继承流转，即使出现了被继承人未婚或者丧偶、无子女等情况，作为其第二顺位的兄弟姐妹等人如存在死亡等情况时，被继承人的兄弟姐妹的子女可代替其父母继承被继承人的遗产。此次扩大法定继承人范围，赋予侄、甥的法定继承权利，不仅有利于传承孝道，而且能够更大限度地保障权利人的私有财产权。

07

农历甲辰年
十月初七

星期四

十一月

立冬

精选案例（八十六）

【代位继承】

老吴一个儿子在自己去世前死亡，另一个儿子在其死亡后，遗产继承开始前死亡，此时老吴的遗产该如何继承呢？

老吴有两个儿子，大儿子大吴在老吴去世前因为疾病死亡，留下老伴儿和二儿子。老吴去世时二儿子二吴因伤心赶往医院途中遭遇车祸遇难，留下结婚不久的妻子。那么老吴去世后，其遗产应该如何继承呢？

精彩内容
扫码收听

06

十二月

农历甲辰年
十月初六

星期三

相关法条

《民法典》第一千一百二十五条　继承人有下列行为之一的，丧失继承权：

（一）故意杀害被继承人；

（二）为争夺遗产而杀害其他继承人；

（三）遗弃被继承人，或者虐待被继承人情节严重；

（四）伪造、篡改、隐匿或者销毁遗嘱，情节严重；

（五）以欺诈、胁迫手段迫使或者妨碍被继承人设立、变更或者撤回遗嘱，情节严重。

继承人有前款第三项至第五项行为，确有悔改表现，被继承人表示宽恕或者事后在遗嘱中将其列为继承人的，该继承人不丧失继承权。

受遗赠人有本条第一款规定行为的，丧失受遗赠权。

05

农历甲辰年
十月初五

星期二

十二月

法律解释

不能。因为小周遗弃了作为被继承人的老周，丧失了继承权。

继承权的丧失，是指依据法律规定在发生法定事由时取消继承人继承被继承人遗产的资格。《民法典》第一千一百二十五条的规定是为了维护社会伦理和家庭秩序，为了保护被继承人的合法权益。

《民法典》第一千一百二十五条扩大了“丧失继承权”的范围，也新增了继承“宽恕”制度。关于“丧失继承权”的情形，该条第一款第四项增加了“隐匿”遗嘱，情节严重的将丧失继承权；第五项增加了“以欺诈、胁迫手段迫使或者妨碍被继承人设立、变更或者撤回遗嘱，情节严重的”，也将丧失继承权。但这三项的情形均属于继承权的相对丧失，只要能得到被继承人的宽恕，继承人仍不会丧失继承权。为此该条第二款便规定了继承的“宽恕”制度。如果被继承人在生前饶恕了继承人对自己的不法行为，愿意其继续继承遗产，那么法律也应该尊重被继承人的意愿。

继承权的丧失，是指依据法律规定在发生法定事由时取消继承人继承被继承人遗产的资格。《民法典》第一千一百二十五条的规定是为了维护社会伦理和家庭秩序，为了保护被继承人的合法权益。

04

农历甲辰年
十月初四

星期一

十一月

精选案例（八十五）

【继承权的丧失及例外】

小周遗弃自己的父亲老周后，还能继承父亲的遗产吗?

老周中年丧妻，一个人把孩子小周拉扯大。小周结婚后有了自己的家，便开始对老周不闻不问。后来老周生病住院也不去照顾，连探望都不去。最后甚至不承认老周是自己的父亲。老周心灰意冷，身体日渐衰弱，最后在医院孤独离世。他在重病时向众人表达了对小周遗弃自己的不满，作出不愿将遗产留给小周的意思表示。在此情形下，小周能够继承老周的遗产吗?

精彩内容

扫码收听

03

农历甲辰年
十月初三

星期日

十一月

法律箴言

天网恢恢，疏而不漏。

02

十二月

农历甲辰年
十月初二

星期六

相关法条

《民法典》第一千一百二十二条　遗产是自然人死亡时遗留的个人合法财产。

依照法律规定或者根据其性质不得继承的遗产，不得继承。

01

十二月

农历甲辰年
十月初一

星期五

法律解释

可以。

《民法典》第一千一百二十二条的规定对遗产的范围从原来的“列举＋概括”变成了现在的概括式规定，扩大了遗产的范围，避免在财产类型日益增加和财产形式不断丰富的情形下，法律无法涵盖遗产的全部范围的弊端。

拾壹月

拾壹月

SUN	MON	TUE	WED	THU	FRI	SAT
					1 十月	2 初二
3 初三	4 初四	5 初五	6 初六	7 **立冬**	8 初八	9 初九
10 初十	11 十一	12 十二	13 十三	14 十四	15 十五	16 十六
17 十七	18 十八	19 十九	20 二十	21 廿一	22 **小雪**	23 廿三
24 廿四	25 廿五	26 廿六	27 廿七	28 廿八	29 廿九	30 三十

31

农历甲辰年
九月廿九

十月

星期四

精选案例（八十四）

【遗产的范围】

老甄去世后留下的收入、存款、房屋等，都能够作为遗产吗?

老甄去世后留下的收入、存款、房屋等形式的财产，是否都可以作为遗产由儿子继承?

精 彩 内 容

扫 码 收 听

30

十月

农历甲辰年
九月廿八

星期三

相关法条

《民法典》第一千一百二十一条　继承从被继承人死亡时开始。

相互有继承关系的数人在同一事件中死亡，难以确定死亡时间的，推定没有其他继承人的人先死亡。都有其他继承人，辈份不同的，推定长辈先死亡；辈份相同的，推定同时死亡，相互不发生继承。

29

十月

农历甲辰年
九月廿七

星期二

法律解释

若能确定死亡时间的，根据医疗机构确定的实际死亡时间为准。若无法确定死亡时间的，一般情况下应推定儿子小甄最先死亡；其次是小甄的爷爷死亡；甄氏夫妇最后死亡，且为同时死亡。

两个以上有相互继承关系的人在同一事件中死亡，如果不能确定死亡的先后顺序，就无法确定继承怎样进行。因此，法律为了解决这种情形下的继承问题必须推定死亡顺序。《民法典》第一千一百二十一条适用的前提是两个以上有相互继承关系的人在同一事件中死亡时，不能够确定其死亡的先后顺序。若能够确定其死亡顺序的，则不适用上述规则，按照各自的死亡时间顺序确定相互之间的继承关系。

28

十月

农历甲辰年
九月廿六

星期一

精选案例（八十三）

【继承的开始时间及死亡先后的推定】

一家四口不幸同时遇难，应该如何确认每个人的死亡时间呢?

甄氏夫妇带着六岁的儿子小甄和小甄的爷爷一起去郊外游玩。路途中遭遇连环追尾，一家四口不幸遇难。应该如何确定甄氏一家四口的死亡时间呢?

精 彩 内 容

扫 码 收 听

27

十月

农历甲辰年
九月廿五

星期日

法律箴言

婚姻的结合要求夫妻双方都要忠实，忠实是一切权利中最神圣的权利。

26

农历甲辰年
九月廿四

星期六

十月

相关法条

《民法典》第一千零九十八条　收养人应当同时具备下列条件：

（一）无子女或者只有一名子女；

（二）有抚养、教育和保护被收养人的能力；

（三）未患有在医学上认为不应当收养子女的疾病；

（四）无不利于被收养人健康成长的违法犯罪记录；

（五）年满三十周岁。

25

农历甲辰年
九月廿三

星期五

十月

法律解释

不能。为进一步强化对被收养人利益的保护,《民法典》在收养人的条件中增加规定“无不利于被收养人健康成长的违法犯罪记录”，并增加规定民政部门应当依法进行收养评估。

《民法典》第一千零九十八条在原《收养法》原有条款上放宽了收养条件的同时又增加了收养人的限制条件，增加了“无不利于被收养人健康成长的违法犯罪记录”的内容，更加利于被收养人的成长，有力地保障了被收养人的利益。此外,《民法典》第一千一百零二条规定，无配偶者收养异性子女的，收养人与被收养人的年龄应当相差四十周岁以上。

24

十月

农历甲辰年
九月廿二

星期四

精选案例（八十二）

【收养人的条件】

有性侵少女违法犯罪记录的男性可以收养小女孩吗？

小丽的父母有四个孩子。本来一家人生活十分美满，但因为父母突然失业，家庭收入无法支撑四个孩子的开销，因此想将最小的小丽送给他人抚养。三十七岁的单身男性阿爆有意向收养小丽，但是他有性侵少女的违法犯罪记录，那么他能收养小丽吗？

精 彩 内 容
扫 码 收 听

23

农历甲辰年
九月廿一

星期三

十月

霜降

相关法条

《民法典》第一千零八十四条　父母与子女间的关系，不因父母离婚而消除。离婚后，子女无论由父或者母直接抚养，仍是父母双方的子女。

离婚后，父母对于子女仍有抚养、教育、保护的权利和义务。

离婚后，不满两周岁的子女，以由母亲直接抚养为原则。已满两周岁的子女，父母双方对抚养问题协议不成的，由人民法院根据双方的具体情况，按照最有利于未成年子女的原则判决。子女已满八周岁的，应当尊重其真实意愿。

22

农历甲辰年
九月二十

星期二

十月

法律解释

二胎宝宝未满二周岁原则上由母亲小妍直接抚养；十岁的大儿子尊重其真实意愿，按照最有利于未成年子女的原则判决。

原《婚姻法》第三十六条第三款规定，离婚后，哺乳期内的子女，以随哺乳的母亲抚养为原则。哺乳期后的子女，如双方因抚养问题发生争执不能达成协议时，由人民法院根据子女的权益和双方的具体情况判决。而此次《民法典》对该条款作了修改，充分考虑到不满两周岁的子女在感情和生活方面对母亲较为依赖，更适宜由母亲抚养。同时明确了两周岁以上的孩子，按照最有利于未成年人的原则判决，充分保护未成年人的合法权益。

21

十月

农历甲辰年
九月十九

星期一

精选案例（八十一）

【离婚后父母和子女的关系】

选择诉讼离婚，孩子的抚养权一般会怎么判?

小妍和小李结婚十二年，有一个十岁的儿子。开放二胎后，夫妻二人商量再要一个女儿。但当小妍怀上二胎宝宝后，小李竟婚内出轨。直到二胎宝宝一岁时，小妍才发现小李出轨行迹。心灰意冷的小妍立刻提出离婚。二人协议离婚时一直就孩子的抚养问题不能达成一致，最终诉至人民法院。那么，这两个孩子的抚养问题究竟如何解决呢?

精 彩 内 容
扫 码 收 听

20

农历甲辰年
九月十八

星期日

十月

法律箴言

享受好处者应承受相应的负担。

19

十月

农历甲辰年
九月十七

星期六

相关法条

《民法典》第一千零七十九条　夫妻一方要求离婚的，可以由有关组织进行调解或者直接向人民法院提起离婚诉讼。

人民法院审理离婚案件，应当进行调解；如果感情确已破裂，调解无效的，应当准予离婚。

有下列情形之一，调解无效的，应当准予离婚：

（一）重婚或者与他人同居；

（二）实施家庭暴力或者虐待、遗弃家庭成员；

（三）有赌博、吸毒等恶习屡教不改；

（四）因感情不和分居满二年；

（五）其他导致夫妻感情破裂的情形。

一方被宣告失踪，另一方提起离婚诉讼的，应当准予离婚。

经人民法院判决不准离婚后，双方又分居满一年，一方再次提起离婚诉讼的，应当准予离婚。

18

十月

农历甲辰年
九月十六

星期五

法律解释

在第一次得到人民法院不准离婚的判决后，小丽与小王分居持续满一年，再提起离婚诉讼。

《民法典》第一千零七十七条规定了离婚冷静期，第一千零七十九条第五款规定，经人民法院判决不准离婚后，双方又分居满一年，一方再次提起离婚诉讼的，应当准予离婚。由此可见，《民法典》一方面增加了三十日的离婚冷静期的同时又设置了准予离婚的“路径”，法律通过相应的规范既避免冲动型离婚又解决了“离婚难”。

17

农历甲辰年
九月十五

星期四

十月

精选案例（八十）

【诉讼离婚】

想要离婚诉至人民法院，却判决不准离婚怎么办？

小丽和小王结婚后，小王的母亲对小丽百般刁难，而小王非但不从中调和，反而对母亲言听计从。隐忍两年后，小丽向人民法院提起了离婚诉讼，但人民法院认为双方感情并未破裂，判决不准离婚。若是小丽实在与小王过不下去，有什么方法能够让人民法院判决离婚呢？

精 彩 内 容
扫 码 收 听

16

十月

农历甲辰年
九月十四

星期三

相关法条

《民法典》第一千零七十七条　自婚姻登记机关收到离婚登记申请之日起三十日内，任何一方不愿意离婚的，可以向婚姻登记机关撤回离婚登记申请。

前款规定期限届满后三十日内，双方应当亲自到婚姻登记机关申请发给离婚证；未申请的，视为撤回离婚登记申请。

15

十月

农历甲辰年
九月十三

星期二

法律解释

可以撤回离婚申请。

三十日冷静期，只适用于双方协议离婚的情形。生活中，不少人协议离婚属于一时冲动，夫妻感情并未完全破裂，婚姻还可以挽救。离婚冷静期的规定，其实是为冲动型夫妻提供一个缓冲的时间。即使双方出于认真考虑仍决定离婚，也给予一定的期限充分考虑好子女抚养和财产分割问题。

14

农历甲辰年
九月十二

星期一

十月

精选案例（七十九）

【离婚冷静期】

夫妻向婚姻登记机关提交离婚登记申请后，有后悔的机会吗？

小红和小刚婚后因为琐事争吵，一气之下两人来到婚姻登记机关提交了离婚登记申请。过了两周，双方冷静下来后都很后悔。此时，还能撤回当时的离婚申请吗？

精彩内容
扫码收听

13

十月

农历甲辰年
九月十一

星期日

法律箴言

刑罚知其所加，则邪恶知其所畏。

12

十月

农历甲辰年
九月初十

星期六

相关法条

《民法典》第一千零七十三条　对亲子关系有异议且有正当理由的，父或者母可以向人民法院提起诉讼，请求确认或者否认亲子关系。

对亲子关系有异议且有正当理由的，成年子女可以向人民法院提起诉讼，请求确认亲子关系。

11

十月

农历甲辰年
九月初九

星期五

法律解释

可以向人民法院提起诉讼，请求否认亲子关系。

现行法律对拒绝亲子鉴定又不提供证据的一方，推定对方的主张成立。《民法典》规定，夫妻一方对子女是否亲生心存疑虑，或者成年子女对自己是否为父母亲生心存疑虑，都可以起诉确定亲子关系是否成立。

根据《民法典》第一千零七十三条规定，不论是父母或者子女，都可以提起这方面的诉讼。不同的是，父亲或者母亲对亲子关系有异议的，可以向人民法院提起诉讼，请求确认或者否认亲子关系。但是成年子女对亲子关系有异议的，只能起诉要求确认亲子关系，而不能要求否认亲子关系。这也体现了保护养父母的权利。

10

十月

农历甲辰年
九月初八

星期四

精选案例（七十八）

【亲子关系异议之诉】

进行亲子鉴定后发现孩子不是自己亲生的，该怎么办？

老王和妻子婚后有了一个可爱的孩子。夫妻二人一直尽心养育这个孩子。当孩子 10 岁的时候因为一场意外急需输血时，老王发现孩子的血型与他不匹配，便起了疑心，偷偷做了亲子鉴定，最后发现确实不是自己的亲生孩子。此时老王应该怎么办？

精 彩 内 容
扫 码 收 听

09

农历甲辰年
九月初七

星期三

十月

相关法条

《民法典》第一千零五十九条　夫妻有相互扶养的义务。

需要扶养的一方，在另一方不履行扶养义务时，有要求其给付扶养费的权利。

08

十月

农历甲辰年
九月初六

星期二

寒露

法律解释

可以，夫妻间有相互扶养义务。

根据原《婚姻法》的规定，夫妻在家庭生活上一律平等，夫妻都有照顾对方的义务，如果一方生活上困难，另外一方有义务在物质上与精神上提供帮助，《民法典》重申原《婚姻法》以上规定。也就是说，该种情形下，一方可以直接起诉对方请求人民法院判决给付扶养费，因此，小红的医疗费小刚应当承担。

07

农历甲辰年
九月初五

星期一

十
月

精选案例（七十七）

【夫妻相互扶养义务】

小红身患疾病，可以请求丈夫支付治疗费用吗？

小红和丈夫小刚结婚后感情一直不好，婚后不久，小红患乳腺癌需要进行手术治疗，小红花完自身结婚前全部积蓄后仍不够手术费，于是恳请小刚卖掉家里的大货车以便支付医疗费，但小刚拒绝了，而且明确表示不帮助支付剩余的医疗费，此时小红可以请求丈夫支付该费用吗？

精 彩 内 容

扫 码 收 听

06

农历甲辰年
九月初四

星期日

十月

法律箴言

法乃善与正义之科学。

05

农历甲辰年
九月初三

星期六

十月

相关法条

《民法典》第一千零六十四条　夫妻双方共同签名或者夫妻一方事后追认等共同意思表示所负的债务，以及夫妻一方在婚姻关系存续期间以个人名义为家庭日常生活需要所负的债务，属于夫妻共同债务。

夫妻一方在婚姻关系存续期间以个人名义超出家庭日常生活需要所负的债务，不属于夫妻共同债务；但是，债权人能够证明该债务用于夫妻共同生活、共同生产经营或者基于夫妻双方共同意思表示的除外。

04

十月

农历甲辰年
九月初二

星期五

法律解释

不应该，因为该债务并非夫妻共同债务。

《民法典》第一千零六十四条规定了“夫妻共债共签”原则。该原则明确了夫妻双方共同签名或者夫妻一方事后追认等共同意思表示所负的债务，以及夫妻一方在婚姻关系存续期间以个人名义为家庭日常生活需要所负的债务，属于夫妻共同债务。这种法律规定，既能够保障夫妻另一方的知情权和同意权，可以在债务形成时杜绝夫妻一方“被负债”，也极大避免了债权人因事后无法举证证明债务属于夫妻共同债务而遭受不必要的损失。

该项规定第二款中，关于“夫妻共同生活”与“夫妻共同生产经营”的判定，通常认为，夫妻共同生活包括夫妻在婚姻关系存续期间的生活、生产或经营等。夫妻共同生产经营是夫妻共同生活的表现形式，既包括夫妻共同投资、生产经营的情形，也包括夫妻一方从事生产经营活动但利益归家庭共享的情形。

03

农历甲辰年
九月初一

星期四

十月

精选案例（七十六）

【夫妻共同债务】

夫妻一方喜欢收藏购买古董的花销属于夫妻共同债务吗？

小熊是一个古董爱好者，遇到喜欢的就要想方设法买下来收藏。和小洁结婚后，小熊依然毫不收敛，使得本来就不富裕的家庭雪上加霜。一次，小熊对一件古董爱不释手，与出卖方签订了购买合同，却因为经济拮据而无法支付尾款。古董的出卖方找到小洁，以夫妻共同债务为由要求小洁支付所欠余额。小洁应该支付吗？

精 彩 内 容
扫 码 收 听

02

农历甲辰年
八月三十

星期三

十月

相关法条

《民法典》第一千零五十八条　夫妻双方平等享有对未成年子女抚养、教育和保护的权利，共同承担对未成年子女抚养、教育和保护的义务。

01

十月

农历甲辰年
八月廿九

星期二

国庆节

法律解释

不能。孩子的成长教育是夫妻双方的责任。

夫妻法律地位平等一直是婚姻法规定的家庭关系准则。《民法典》第一千零五十八条旨在强调夫妻任何一方都不能干涉或排除另一方行使亲权，也不能拒绝履行亲权责任。这一条款的设定扩大了夫妻关系平等的范围，有利于促进婚姻家庭关系的和谐与稳定，有利于未成年子女的健康成长。

拾月

拾月

SUN	MON	TUE	WED	THU	FRI	SAT
		1 国庆节	2 三十	3 九月	4 初二	5 初三
6 初四	7 初五	8 寒露	9 初七	10 初八	11 初九	12 初十
13 十一	14 十二	15 十三	16 十四	17 十五	18 十六	19 十七
20 十八	21 十九	22 二十	23 霜降	24 廿二	25 廿三	26 廿四
27 廿五	28 廿六	29 廿七	30 廿八	31 廿九		

30

农历甲辰年
八月廿八

星期一

九月

精选案例（七十五）

【夫妻抚养、教育和保护子女的权利义务平等】

负责挣钱养家的一方可以忽略孩子的成长吗?

小刚和小艾结婚后生下一个可爱的儿子。夫妻俩为了能够更好地照顾儿子，决定让小艾辞职在家专心带孩子、操持家务，小刚在外挣钱养家。那么这样的情况下小刚能够以自己辛苦在外挣钱养家，而小艾才是负责在家养孩子为由而漠视孩子的成长、教育，对孩子不闻不问吗?

精 彩 内 容
扫 码 收 听

29

农历甲辰年
八月廿七

星期日

九月

法律箴言

法律就是秩序，有好的法律才有好的秩序。

28

农历甲辰年
八月廿六

星期六

九月

相关法条

《民法典》第一千零五十三条　一方患有重大疾病的，应当在结婚登记前如实告知另一方；不如实告知的，另一方可以向人民法院请求撤销婚姻。

请求撤销婚姻的，应当自知道或者应当知道撤销事由之日起一年内提出。

27

农历甲辰年
八月廿五

星期五

九月

法律解释

可以。小薇可以在知道晓刚身患重病之日起一年内向人民法院请求撤销婚姻。

虽然《民法典》删除了原《婚姻法》中“患有医学上认为不应当结婚的疾病”情形的条文，但根据第一千零五十三条的规定，“一方患有重大疾病的，应当在结婚登记前如实告知另一方；不如实告知的，另一方可以向人民法院请求撤销婚姻。”这意味着，只要结婚前双方坦诚相待，即使一方患有重大疾病，也是可以结婚，并且婚姻合法有效。若一方有所隐瞒，另一方也可通过向人民法院请求撤销来保障自己的权益。简单来说，有病结婚法律是允许的，但是隐瞒不行。

26

农历甲辰年
八月廿四

星期四

九月

精选案例（七十四）

【隐瞒疾病的可撤销婚姻】

婚前隐瞒自己患有重大疾病的，对方可以请求撤销婚姻吗？

小薇和晓刚（男）经他人介绍认识，三个月后，双方认为对方条件不错就领证结婚了。但结婚后小薇发现晓刚经常偷偷摸摸吃药。在疑心的驱使下小薇趁晓刚睡着，翻出其装药的瓶子。在几番查验下，终于从医院得知瓶内药物是用于治疗某种先天性重大疾病的，并且需要终生吃药而且无法治愈。晓刚在婚前并未告诉小薇自己以上事实，小薇认为自己受到了欺骗。此时小薇反悔，想结束这场婚姻关系，可以吗？

精 彩 内 容
扫 码 收 听

25

农历甲辰年
八月廿三

星期三

九月

相关法条

《民法典》第一千零五十二条　因胁迫结婚的，受胁迫的一方可以向人民法院请求撤销婚姻。

请求撤销婚姻的，应当自胁迫行为终止之日起一年内提出。

被非法限制人身自由的当事人请求撤销婚姻的，应当自恢复人身自由之日起一年内提出。

24

农历甲辰年
八月廿二

星期二

九月

法律解释

小菲可以自弟弟被救出后一年内向人民法院起诉，请求撤销该婚姻。

《民法典》第一千零五十二条与原《婚姻法》第十一条相比较，删除了受胁迫的婚姻情形中向婚姻登记机关请求撤销婚姻的方式，改为只能向人民法院提起撤销婚姻的请求。同时，将提起撤销的请求时间也进行了修改，不再是从结婚登记之日起计算，而是从胁迫行为终止之日，将维权期间延长，更好地维护受胁迫一方的权益。

23

农历甲辰年
八月廿一

星期一

九月

精选案例（七十三）

【胁迫婚姻】

怎样才能结束受胁迫的婚姻呢?

小菲长相甜美，刚毕业进入工作单位就得到了很多小伙子的追求，其中小孔最为执着。但经过一年的穷追猛打，小菲仍然不肯答应，使得小孔恼羞成怒，绑架并软禁了小菲十岁的弟弟，并以此威胁小菲立刻与自己结婚。小菲顾忌弟弟的安全，不得不先和小孔去登记结婚。几天后小菲父母报警，在警察的帮助下小菲的弟弟被救出。此时小菲如何才能结束与小孔的婚姻关系呢?

精 彩 内 容
扫 码 收 听

22

农历甲辰年
八月二十

星期日

九月

秋分

法律箴言

你所说的话不一定正确，但我誓死捍卫你说话的权利。

21

农历甲辰年
八月十九

星期六

九月

相关法条

《民法典》第一千零四十八条　直系血亲或者三代以内的旁系血亲禁止结婚。

20

农历甲辰年
八月十八

星期五

九月

法律解释

小李不能和其表哥小杜结婚。

直系血亲是指源于同一祖先、具有血缘关系的亲属，分为自然血亲、拟制血亲。自然血亲基于出生而发生。从己身开始计算，父母、祖父母、外祖父母、子女、孙子女、外孙子女等，为直系血亲。拟制血亲包括养父母与养子女、继父母与受其抚养教育的继子女。三代以内的旁系血亲包括：一是同胞的兄弟姐妹以及同父异母或同母异父的兄弟姐妹；二是不同辈的伯叔与侄女、姑与侄子、舅与外甥女、姨与外甥；三是同源于祖父母、外祖父母的辈份相同的堂兄弟姐妹、姑表兄弟姐妹、舅表兄弟姐妹、姨表兄弟姐妹。禁止血亲结婚的原因，一是基于优生优育上的考虑；二是基于传统伦理道德和亲属秩序的维护。

19

农历甲辰年
八月十七

星期四

九月

精选案例（七十二）

【禁止结婚的情形】

表妹和表哥可以结婚吗？

小李（23 岁，女）与其姑姑家的表哥小柱从小一起长大，感情十分要好。小李高中时爱读《红楼梦》，受其影响就一直想在长大后嫁给自己的表哥小柱。请问小李与表哥小柱能够结婚吗？

精彩内容
扫码收听

18

农历甲辰年
八月十六

星期三

九月

相关法条

《民法典》第一千零三十二条　自然人享有隐私权。任何组织或者个人不得以刺探、侵扰、泄露、公开等方式侵害他人的隐私权。

隐私是自然人的私人生活安宁和不愿为他人知晓的私密空间、私密活动、私密信息。

《民法典》第一千零三十三条　除法律另有规定或者权利人明确同意外，任何组织或者个人不得实施下列行为：

（一）以电话、短信、即时通讯工具、电子邮件、传单等方式侵扰他人的私人生活安宁；

（二）进入、拍摄、窥视他人的住宅、宾馆房间等私密空间；

（三）拍摄、窥视、窃听、公开他人的私密活动；

（四）拍摄、窥视他人身体的私密部位；

（五）处理他人的私密信息；

（六）以其他方式侵害他人的隐私权。

17

九月

农历甲辰年
八月十五

星期二

中秋节

法律解释

应该。

隐私与个人信息既有联系又有区别。《民法典》第一千零三十二条强调了隐私是“私人生活安宁和不愿为他人知晓的私密空间、私密活动、私密信息”。而隐私信息中能够“单独或者与其他信息结合识别特定自然人”的信息属于个人信息，个人信息中符合“私密”特征的信息属于隐私信息，即属于隐私信息的，应当首先按照人格权的一般规定以及《民法典》第一千零三十二条、第一千零三十三条关于隐私权和隐私权侵害行为的规定进行保护。

16

九月

农历甲辰年
八月十四

星期一

精选案例（七十一）

【隐私权】

女明星的隐私权是否应该受到法律的保护呢？

小水是当红的女明星，有着上千万的粉丝支持。其中，被不能理智追星的“私生饭”张某围追堵截，骚扰不停，给小水带来了巨大的困扰。那么作为公众人物的小水，其隐私是否应该受到法律的保护？

精 彩 内 容

扫 码 收 听

15

农历甲辰年
八月十三

星期日

九月

法律箴言

法律如果不被人们所信仰，它就是一纸空文。

14

农历甲辰年
八月十二

星期六

九月

相关法条

《民法典》第一千零二十九条　民事主体可以依法查询自己的信用评价；发现信用评价不当的，有权提出异议并请求采取更正、删除等必要措施。信用评价人应当及时核查，经核查属实的，应当及时采取必要措施。

13

九月

农历甲辰年
八月十一

星期五

法律解释

小明可以提出异议并请求采取更正、删除等必要措施。银行也应当及时核查，经核查属实的，应当及时采取必要措施。

《民法典》第一千零二十九条虽然没有明确使用“信用权”的说法，但实际上规定了信用权的内容，对信用权进行了规范调整。这标志着《民法典》第一次规定了信用权内容，对于保护信用权、促进信用经济发展具有重要意义。

12

农历甲辰年
八月初十

星期四

九月

精选案例（七十）

【信用评价】

银行信用评价不真实，该如何维权呢？

小明自办理信用卡以来一直按时还款，但发现银行对自己的信用评价十分低。此时小明应该如何维护自己的合法权益呢？

精 彩 内 容
扫 码 收 听

11

九月

农历甲辰年
八月初九

星期三

相关法条

《民法典》第一千零二十五条　行为人为公共利益实施新闻报道、舆论监督等行为，影响他人名誉的，不承担民事责任，但是有下列情形之一的除外：

（一）捏造、歪曲事实；

（二）对他人提供的严重失实内容未尽到合理核实义务；

（三）使用侮辱性言辞等贬损他人名誉。

《民法典》第一千零二十六条　认定行为人是否尽到前条第二项规定的合理核实义务，应当考虑下列因素：

（一）内容来源的可信度；

（二）对明显可能引发争议的内容是否进行了必要的调查；

（三）内容的时限性；

（四）内容与公序良俗的关联性；

（五）受害人名誉受贬损的可能性；

（六）核实能力和核实成本。

10

九月

农历甲辰年
八月初八

星期二

法律解释

新闻媒体不构成侵权。

《民法典》第一千零二十五条是对新闻报道、舆论监督等影响他人名誉免责以及除外条款的规定。正当的新闻报道，是新闻媒体履行批评职责的正当行为，即使发生了对他人名誉造成影响的后果，也不构成侵害名誉权，不承担民事责任。

09

农历甲辰年
八月初七

九月

星期一

精选案例（六十九）

【名誉权的限制】

新闻播放他人乱扔垃圾的视频是否构成侵犯名誉权？

小刚在浏览新闻时发现一条新闻中出现自己在景点乱扔垃圾的视频，影响自己的名誉。那么该新闻媒体是否构成侵权呢？

精 彩 内 容
扫 码 收 听

08

农历甲辰年
八月初六

星期日

九月

法律箴言

法律是正义与善良之术。

07

九月

农历甲辰年
八月初五

星期六

白露

相关法条

《民法典》第一千零一十八条　自然人享有肖像权，有权依法制作、使用、公开或者许可他人使用自己的肖像。

肖像是通过影像、雕塑、绘画等方式在一定载体上所反映的特定自然人可以被识别的外部形象。

《民法典》第一千零一十九条　任何组织或者个人不得以丑化、污损，或者利用信息技术手段伪造等方式侵害他人的肖像权。未经肖像权人同意，不得制作、使用、公开肖像权人的肖像，但是法律另有规定的除外。

未经肖像权人同意，肖像作品权利人不得以发表、复制、发行、出租、展览等方式使用或者公开肖像权人的肖像。

06

九月

农历甲辰年
八月初四

星期五

法律解释

不能随意使用或丑化小冰的肖像。

《民法典》第一千零一十九条新增加了“利用信息技术手段伪造等方式侵害他人的肖像权”的规定。该条规定中，肖像权不再使用“营利”的概念，意味着即使没有恶意、不以营利为目的，AI 换脸、深度伪造，未经肖像权人同意而制作、使用、公开他人的肖像，也构成侵害肖像权。这也是顺应科技发展，针对新技术、新信息手段侵害肖像权而规定的新保护措施，从而在网络、信息技术发展中保护好自然人的肖像权。

05

农历甲辰年
八月初三

星期四

九月

精选案例（六十八）

【肖像权】

演艺圈名人小冰的照片能够随意使用或者丑化吗?

演员小冰因参演某部电影一炮而红。成为演艺圈名人后，她的肖像能够随意使用或者丑化吗?

精彩内容
扫码收听

04

九月

农历甲辰年
八月初二

星期三

相关法条

《民法典》第一千零一十七条　具有一定社会知名度，被他人使用足以造成公众混淆的笔名、艺名、网名、译名、字号、姓名和名称的简称等，参照适用姓名权和名称权保护的有关规定。

03

农历甲辰年
八月初一

星期二

九月

法律解释

小冰的艺名能够受到法律保护。

实践中，艺名、网名等简称虽然不能等同于姓名或名称，但在实际生活中一些有代表性的、广为人知的简称甚至超过了姓名或名称，更具有识别性和为公众所了解，应当为法律所保护。《民法典》第一千零一十七条规定将笔名、艺名、网名、译名、字号和名称的简称等纳入姓名权与名称权的保护范围，顺应了社会发展的时代要求；同时，对于保护法人、非法人组织的利益也具有重要意义。

02

农历甲辰年
七月三十

星期一

九月

精选案例（六十七）

【笔名、艺名等的保护】

当红演员的笔名或者艺名能够受到法律的保护吗？

小冰是时下当红的女演员，但是被大家熟知的“小冰”这个名字是她为自己取的艺名，而非其本名。那么“小冰”这个艺名能够受到法律的保护吗？

精 彩 内 容
扫 码 收 听

01

农历甲辰年
七月廿九

星期日

九月

法律箴言

销恶于未萌，弥祸于未形。

玖月

玖月

SUN	MON	TUE	WED	THU	FRI	SAT
1 廿九	2 三十	3 八月	4 初二	5 初三	6 初四	7 **白露**
8 初六	9 初七	10 初八	11 初九	12 初十	13 十一	14 十二
15 十三	16 十四	17 **中秋节**	18 十六	19 十七	20 十八	21 十九
22 **秋分**	23 廿一	24 廿二	25 廿三	26 廿四	27 廿五	28 廿六
29 廿七	30 廿八					

31

八月

农历甲辰年
七月廿八

星期六

相关法条

《民法典》第一千零一十二条　自然人享有姓名权，有权依法决定、使用、变更或者许可他人使用自己的姓名，但是不得违背公序良俗。

《民法典》第一千零一十五条　自然人应当随父姓或者母姓，但是有下列情形之一的，可以在父姓和母姓之外选取姓氏：

（一）选取其他直系长辈血亲的姓氏；

（二）因由法定扶养人以外的人扶养而选取扶养人姓氏；

（三）有不违背公序良俗的其他正当理由。

少数民族自然人的姓氏可以遵从本民族的文化传统和风俗习惯。

30

农历甲辰年
七月廿七

星期五

八月

法律解释

可以，但在姓氏选择上受到一定的限制。

《民法典》关于姓名权的规定中，“决定和变更自己的姓名”的权利，是尊重自然人对自己姓名的选择和变更，即自主选择权。但在姓氏的选择上受到一定的限制：原则上应当随父姓或者母姓，只有在《民法典》第一千零一十五条中规定的范围内可以在父姓和母姓之外选取姓氏。

29

农历甲辰年
七月廿六

星期四

八月

精选案例（六十六）

【姓名权】

小红能自由更改自己的名字吗？

小红觉得自己的名字太普通，那么她能自由更改自己的名字吗？

精 彩 内 容
扫 码 收 听

28

农历甲辰年
七月廿五

八月

星期三

相关法条

《民法典》第一千零一十一条　以非法拘禁等方式剥夺、限制他人的行动自由，或者非法搜查他人身体的，受害人有权依法请求行为人承担民事责任。

27

八月

农历甲辰年
七月廿四

星期二

法律解释

构成。保安无权非法搜身。

《民法典》第一千零一十一条规定了不得非法搜查他人身体，否则行为人将承担相关民事责任。同时，考虑到实践中此类行为产生人身侵害后果的多样性，因此并未规定民事责任的具体内容。这样的规定既为自然人提供了较为具体的请求权基础，有利于司法实践的准确适用，也保持了一定的开放性，加强了对自然人人格尊严的保护。

26

农历甲辰年
七月廿三

星期一

八月

精选案例（六十五）

【侵害行动自由和非法搜查身体】

超市保安能因为怀疑顾客偷东西而搜查顾客身体吗?

小刚去超市转了一圈，什么都没买准备回家时，超市保安怀疑他偷拿超市商品而对他的身体进行了搜查。那么，该保安的行为是否构成侵权?

精 彩 内 容
扫 码 收 听

25

农历甲辰年
七月廿二

星期日

八月

法律箴言

法律不能使人人平等，但是在法律面前人人是平等的。

24

农历甲辰年
七月廿一

星期六

八月

相关法条

《民法典》第一千零一十条　违背他人意愿，以言语、文字、图像、肢体行为等方式对他人实施性骚扰的，受害人有权依法请求行为人承担民事责任。

机关、企业、学校等单位应当采取合理的预防、受理投诉、调查处置等措施，防止和制止利用职权、从属关系等实施性骚扰。

23

农历甲辰年
七月二十

星期五

八月

法律解释

小红可以依法请求小查承担民事责任。同时，其所在单位也应该采取合理措施防止和制止性骚扰的发生。

《民法典》第一千零一十条规定中，性骚扰的对象并没有局限在女性身上，也就是说，男性也可能成为性骚扰的对象，扩大了受害主体，更加全面地保障了受害者的合法权益。同时，这个规定列举了性骚扰的几种典型方式，但是又加了一个“等”字，说明除了言语、文字、图像、肢体行为等方式外，其他的方式也可能构成性骚扰。该条还强制要求单位采取措施，例如报警并协助调查，根据规章制度对性骚扰行为人进行警告、停职、解雇等处理。若单位未能落实而致使性骚扰损害发生的，也要承担相应责任。

22

农历甲辰年
七月十九

星期四

八月

处暑

精选案例（六十四）

【性骚扰】

在单位受到性骚扰该如何维权？

小红在工作单位经常受到新来的员工小查的性骚扰。不堪其扰的小红怎样才能保护自己的合法权益呢？

精 彩 内 容
扫 码 收 听

21

农历甲辰年
七月十八

星期三

八月

相关法条

《民法典》第一千零八条　为研制新药、医疗器械或者发展新的预防和治疗方法，需要进行临床试验的，应当依法经相关主管部门批准并经伦理委员会审查同意，向受试者或者受试者的监护人告知试验目的、用途和可能产生的风险等详细情况，并经其书面同意。

进行临床试验的，不得向受试者收取试验费用。

20

八月

农历甲辰年
七月十七

星期二

法律解释

可以。受试者有权知道可能产生的风险，并经受试者的书面同意方可进行。

这些规定在一定程度上既要求试验机构遵循法规，也维护了受试者的正当权益，很大程度地保护受试者的知情权，也避免了个别受试者因利益的驱使而去选择可能对身体健康产生风险的试验项目。

19

八月

农历甲辰年
七月十六

星期一

精选案例（六十三）

【人体临床试验】

新冠病毒疫苗受试者的合法权益能够得到有效保护吗？

为了抗击新冠肺炎疫情，很多志愿者自愿加入新冠病毒疫苗的人体试验。这些受试者的合法权益能够得到有效的保护吗？

精 彩 内 容
扫 码 收 听

18

农历甲辰年
七月十五

星期日

八月

法律箴言

国不可无法，有法而不善与无法等。

17

农历甲辰年
七月十四

星期六

八月

相关法条

《民法典》第一千零六条　完全民事行为能力人有权依法自主决定无偿捐献其人体细胞、人体组织、人体器官、遗体。任何组织或者个人不得强迫、欺骗、利诱其捐献。

完全民事行为能力人依据前款规定同意捐献的，应当采用书面形式，也可以订立遗嘱。

自然人生前未表示不同意捐献的，该自然人死亡后，其配偶、成年子女、父母可以共同决定捐献，决定捐献应当采用书面形式。

16

农历甲辰年
七月十三

星期五

八月

法律解释

不能擅自做主。

《民法典》第一千零六条充分体现了人体捐献意思自治，尤其尊重死者生前意愿。若死者生前未明确表示不同意捐献的，需要其配偶、成年子女、父母取得一致意见，并签署书面捐献协议。

15

八月

农历甲辰年
七月十二

星期四

精选案例（六十二）

【人体捐献】

死者生前不同意，他人能擅自捐献死者器官或者遗体吗?

小甄患有先天性心脏病，他知道自己随时都可能面临死亡，曾明确表示不愿意在死亡后捐赠器官或者遗体。在小甄死亡后，其妻子不同意捐献器官，其父母能擅自做主将他的眼角膜捐给他的妹妹吗?

精 彩 内 容
扫 码 收 听

14

八月

农历甲辰年
七月十一

星期三

相关法条

《民法典》第一千二百零六条　产品投入流通后发现存在缺陷的，生产者、销售者应当及时采取停止销售、警示、召回等补救措施；未及时采取补救措施或者补救措施不力造成损害扩大的，对扩大的损害也应当承担侵权责任。

依据前款规定采取召回措施的，生产者、销售者应当负担被侵权人因此支出的必要费用。

13

八月

农历甲辰年
七月初十

星期二

法律解释

可以。

《民法典》第一千二百零六条中的“损害扩大”是指，在产品生产出来时，以当时的科学技术水平无法检测出产品缺陷，但在经过一段时间的跟踪观察后发现了产品缺陷，就应该采取补救措施，尽量减少造成的损害。若未采取补救措施或者补救措施不力，使得损害扩大，就扩大部分，生产者、销售者应承担侵权责任。

12

八月

农历甲辰年
七月初九

星期一

精选案例（六十一）

【产品流通后发现缺陷的补救及侵权责任承担】

小张购买的车辆因被召回而支出的费用应由谁承担呢？

小张为出行方便买了一辆某品牌轿车。一周后研发人员发现该轿车产品的刹车系统存在缺陷，于是给小张发出了紧急召回该轿车的通知。小张将轿车送回厂家或 4S 店而支出的费用，如油费等，可以要求生产者或销售者承担吗？

精 彩 内 容
扫 码 收 听

11

八月

农历甲辰年
七月初八

星期日

法律箴言

法立于上则俗成于下。

10

八月

农历甲辰年
七月初七

星期六

相关法条

《民法典》第八百二十二条　承运人在运输过程中，应当尽力救助患有急病、分娩、遇险的旅客。

《民法典》第一千零五条　自然人的生命权、身体权、健康权受到侵害或者处于其他危难情形的，负有法定救助义务的组织或者个人应当及时施救。

09

八月

农历甲辰年
七月初六

星期五

法律解释

可以向列车长、乘务员、乘警求救。

《民法典》第一千零五条规定的“法定救助义务”中的“法”，应该为广义上的“法”。就公法来说，国家基于特别立法理念，常通过一些专门性的法律、行政法规等要求特定的机构或人员（如警察、医师等）对人身安全遭受侵害或者处于危难中的自然人，负有法定的救助义务。就私法来说，民事主体一般不负有救助他人的义务，但是当存在明确的约定或者法定义务时则应当及时施救，否则将承担不作为的法律责任。

08

农历甲辰年
七月初五

星期四

八月

精选案例（六十）

【承运人的救助义务】

在火车上晕倒应该向谁求救？

老李夫妇准备回老家过年。在回家的火车上，老李突然晕倒。此时老李的妻子应该向谁求救呢？

精 彩 内 容
扫 码 收 听

07

八月

农历甲辰年
七月初四

星期三

立秋

相关法条

《民法典》第九百九十九条　为公共利益实施新闻报道、舆论监督等行为的，可以合理使用民事主体的姓名、名称、肖像、个人信息等；使用不合理侵害民事主体人格权的，应当依法承担民事责任。

06

农历甲辰年
七月初三

星期二

八月

法律解释

不一定，要分情况而论，看早间新闻使用的目的。

《民法典》第九百九十九条明确规定了人格权的合理使用，即为了社会公共利益的需要、为了科学艺术上的目的或为了舆论监督而制作和使用公民的肖像，可以不征得公民同意，但同时不应侵害公民的合法权益。为履行与公共利益相关的职责而依法制作、使用他人肖像的，则无须通过本人同意，如通缉逃犯，张贴寻人启事等。

05

农历甲辰年
七月初二

星期一

八月

精选案例（五十九）

【人格权的合理使用】

媒体未征得小张同意采用了其照片，其人格权是否受到侵害了？

小张早上起床浏览早间新闻时，发现有一条新闻在没有征得自己同意的情况下出现了自己的名字和照片，此时他能以自己的人格权受到侵害而寻求法律救济吗？

精 彩 内 容
扫 码 收 听

04

农历甲辰年
七月初一

星期日

八月

法律箴言

法律之内，应有天理人情在。

03

八月

农历甲辰年
六月廿九

星期六

相关法条

《民法典》第九百九十七条　民事主体有证据证明行为人正在实施或者即将实施侵害其人格权的违法行为，不及时制止将使其合法权益受到难以弥补的损害的，有权依法向人民法院申请采取责令行为人停止有关行为的措施。

02

农历甲辰年
六月廿八

星期五

八月

法律解释

该公司可以依法向人民法院申请停止诬陷行为的禁令。

侵害人格权禁令主要适用于网络传播诽谤侮辱言论；非法传播隐私及个人信息；擅自使用肖像及姓名、名称等情形，这与移动互联网的广泛、快速传播息息相关。如果不能迅速阻断，将给当事人造成严重损害。然而一直以来，在人格权保护领域，很少采用行为保全制度，也没有针对此类的明确规定。《民法典》第九百九十七条，在作为实体法的人格权编中，明确规定了带有程序法性质的“人格权保护禁令”制度，能够对正在发生的损害及时制止，防止扩大，更有利于在实质上保护当事人的人格权益。

01

八月

农历甲辰年
六月廿七

星期四

建军节

精选案例（五十八）

【人格权行为禁令】

被诬陷卖假货，该公司应如何维权？

某化妆品代购公司发现有博主在其微博中说，从该代购公司购买的化妆品都是假货，但却一直没能提供相应的证据。若放任不管，会使公司的名誉权受到更大的侵害，如果该公司能够提供其售卖货品有正规渠道的有利证据，应该怎样维护自己的合法权益呢？

精 彩 内 容
扫 码 收 听

捌月

捌月

SUN	MON	TUE	WED	THU	FRI	SAT
				1 建军节	2 廿八	3 廿九
4 七月	5 初二	6 初三	7 立秋	8 初五	9 初六	10 初七
11 初八	12 初九	13 初十	14 十一	15 十二	16 十三	17 十四
18 十五	19 十六	20 十七	21 十八	22 处暑	23 二十	24 廿一
25 廿二	26 廿三	27 廿四	28 廿五	29 廿六	30 廿七	31 廿八

31

七月

农历甲辰年
六月廿六

星期三

相关法条

《民法典》第九百九十四条　死者的姓名、肖像、名誉、荣誉、隐私、遗体等受到侵害的，其配偶、子女、父母有权依法请求行为人承担民事责任；死者没有配偶、子女且父母已经死亡的，其他近亲属有权依法请求行为人承担民事责任。

30

农历甲辰年
六月廿五

星期二

七月

法律解释

能，可以由其近亲属向小明主张承担民事责任。

保护死者的人格权益，其实就是保护社会公共利益及死者近亲属的权益。我国司法实践一直坚持死者人格权益应当受到保护。《民法典》第九百九十四条明确了死者的姓名、肖像、名誉、荣誉、隐私、遗体等受到侵害时的民事责任。同时，该条款也明确了请求权人的范围和顺位。依据该条规定，第一顺位的请求权人是死者的配偶、子女、父母；第二顺序的请求权人是死者的其他近亲属，也就是说，死者没有配偶、子女并且父母已经死亡的，其他近亲属有权依法请求行为人承担民事责任。这里的“其他近亲属”，是指兄弟姐妹、祖父母、外祖父母、孙子女、外孙子女。

29

七月

农历甲辰年
六月廿四

星期一

精选案例（五十七）

【死者人格利益保护】

已经死亡的小甄的人格权益还能得到保护吗？

小明在网络上辱骂已经过世的小甄，在这种情况下，已经死亡的小甄的人格权益还能得到法律保护吗？

精 彩 内 容
扫 码 收 听

28

七月

农历甲辰年
六月廿三

星期日

法律箴言

与其责骂罪恶，不如伸张正义。

27

七月

农历甲辰年
六月廿二

星期六

相关法条

《民法典》第九百九十条　人格权是民事主体享有的生命权、身体权、健康权、姓名权、名称权、肖像权、名誉权、荣誉权、隐私权等权利。

除前款规定的人格权外，自然人享有基于人身自由、人格尊严产生的其他人格权益。

《民法典》第九百九十一条　民事主体的人格权受法律保护，任何组织或者个人不得侵害。

26

七月

农历甲辰年
六月廿一

星期五

法律解释

不能。用人单位这样的做法侵犯了员工的人格权，需要承担侵权责任。

《民法典》第九百九十条在列举民事主体具体人格权受法律保护的同时，第二款又规定：“除前款规定的人格权外，自然人享有基于人身自由、人格尊严产生的其他人格权益。”该款使用“其他人格权益”的表述，表明除了《民法典》具体规定的人格权受到法律保护之外，没有明确规定的人格利益，也同样受到法律保护，这就保持了人格权益体系的开放性，人格权也能得到更全面、更到位的保护。员工因为没有完成业绩被用人单位施以“地上爬”的惩罚，侵犯了员工的人格权，需要承担法律责任。

25

七月

农历甲辰年
六月二十

星期四

精选案例（五十六）

【人格权定义】

单位可以因为员工没有完成业绩而惩罚员工在地上爬吗？

小陈下班回家以后哭着跟闺蜜诉苦，说：“我没完成这个月的业绩，又要当着大家的面接受在地上爬的惩罚了。”小陈的闺蜜一边安慰她，一边想单位可以因为员工没有完成业绩而施以这样的惩罚措施吗？

精 彩 内 容
扫 码 收 听

24

农历甲辰年
六月十九

星期三

七月

相关法条

《民法典》第九百八十七条　得利人知道或者应当知道取得的利益没有法律根据的，受损失的人可以请求得利人返还其取得的利益并依法赔偿损失。

23

七月

农历甲辰年
六月十八

星期二

法律解释

可以，小涵的行为属于不当得利，应该付钱。

若得利人不知道其取得的利益没有法律根据，且取得的利益已经不存在的，则不需要承担返还该利益的义务。

22

七月

农历甲辰年
六月十七

星期一

大暑

精选案例（五十五）

【不当得利】

小涵在餐厅吃饭时明知道上错菜了还吃，是否要付钱？

小涵在餐厅吃饭时，发现服务员给其多上了一道菜，但是小涵没有吭声，继续食用，服务员发现后，是否可以让小涵付钱？

精 彩 内 容

扫 码 收 听

21

七月

农历甲辰年
六月十六

星期日

法律箴言

让我们维护公平，那么我们将会得到更多的自由。

20

七月

农历甲辰年
六月十五

星期六

相关法条

《民法典》第九百七十九条　管理人没有法定的或者约定的义务，为避免他人利益受损失而管理他人事务的，可以请求受益人偿还因管理事务而支出的必要费用；管理人因管理事务受到损失的，可以请求受益人给予适当补偿。

管理事务不符合受益人真实意思的，管理人不享有前款规定的权利；但是，受益人的真实意思违反法律或者违背公序良俗的除外。

19

七月

农历甲辰年
六月十四

星期五

法律解释

可以，小丁的行为属于无因管理。

《民法典》第九百七十九条规定了无因管理人的受偿权，不仅包括管理事务必要的支出，还包括因此遭受的损失，同时强调了需要兼顾受益人的真实意思表示以及遵守公序良俗原则。

18

七月

农历甲辰年
六月十三

星期四

精选案例（五十四）

【无因管理】

照顾走失宠物是否有权要求其主人支付管理期间的饲养费?

小丁在小区楼下散步时见别人家走失的宠物狗楚楚可怜，便带回家悉心照料，数天后主人找寻而来，小丁是否可以要求主人支付照料期间的饲养费?

精彩内容
扫码收听

17

七月

农历甲辰年
六月十二

星期三

相关法条

《民法典》第九百四十五条（第一款） 业主装饰装修房屋的，应当事先告知物业服务人，遵守物业服务人提示的合理注意事项，并配合其进行必要的现场检查。

16

七月

农历甲辰年
六月十一

星期二

法律解释

应当事先告知物业公司。

除装饰装修要告知物业公司外，业主在转让、出租物业专有部分、设立居住权或者依法改变共有部分用途的，也应当及时将相关情况告知物业服务人。

15

七月

农历甲辰年
六月初十

星期一

精选案例（五十三）

【业主告知、协助义务】

装饰装修房屋是否要告知物业公司?

毕某购买新房后欲装饰装修房屋，是否应当事先告知物业公司?

精 彩 内 容

扫 码 收 听

14

农历甲辰年
六月初九

星期日

七月

法律箴言

法律是人民意志的自由而庄严的表现。

13

七月

农历甲辰年
六月初八

星期六

相关法条

《民法典》第九百四十四条（第三款） 物业服务人不得采取停止供电、供水、供热、供燃气等方式催交物业费。

12

七月

农历甲辰年
六月初七

星期五

法律解释

不合法。物业公司不得采取停水、停电的措施催交物业费。

现实生活中若物业公司以停水、停电等极端方式催促业主交纳物业费，属于违法行为，业主有权要求恢复供应。如果遇到恶意拖欠物业费的情况，物业公司可以提起诉讼或申请仲裁。

11

七月

农历甲辰年
六月初六

星期四

精选案例（五十二）

【物业公司催交物业费的禁止行为】

小莉未交物业费，物业公司能否用停水、停电的措施进行催交?

小莉所住的阳光小区物业公司规定，业主应当按时足额交纳物业费，不按时交纳物业费的业主，物业公司将采取停水、停电的措施。物业公司的规定是否合法?

精 彩 内 容
扫 码 收 听

10

七月

农历甲辰年
六月初五

星期三

相关法条

《民法典》第九百四十四条（第一款） 业主应当按照约定向物业服务人支付物业费。物业服务人已经按照约定和有关规定提供服务的，业主不得以未接受或者无需接受相关物业服务为由拒绝支付物业费。

09

七月

农历甲辰年
六月初四

星期二

法律解释

不合理，彭某应当支付物业费。

若业主违反约定逾期不支付物业费的，物业公司可以催告其在合理期限内支付；合理期限届满仍不支付的，物业公司可以提起诉讼或者申请仲裁。

08

农历甲辰年
六月初三

星期一

七月

精选案例（五十一）

【业主支付物业费的义务】

房屋未居住是否可以不交物业费?

彭某购买新房后一直未居住，星河小区物业公司要求彭某支付每月物业费。彭某认为自己并未居住，没有享受物业公司相关业务服务，不应当支付该笔费用。彭某的做法是否合理?

精 彩 内 容
扫 码 收 听

07

农历甲辰年
六月初二

星期日

七月

法律箴言

一次不公的裁判比多次不平的举动为祸尤烈。因为这些不平的举动不过弄脏了水流，而不公的裁判则把水源败坏了。

06

农历甲辰年
六月初一

星期六

七月

小暑

相关法条

《民法典》第八百一十五条（第一款） 旅客应当按照有效客票记载的时间、班次和座位号乘坐。旅客无票乘坐、超程乘坐、越级乘坐或者持不符合减价条件的优惠客票乘坐的，应当补交票款，承运人可以按照规定加收票款；旅客不支付票款的，承运人可以拒绝运输。

05

农历甲辰年
五月三十

星期五

七月

法律解释

可以要求其让出座位。

《民法典》第八百一十五条第一款明确规定旅客应当按照有效客票记载的时间、班次和座位号乘坐。近年来“霸座”“霸铺”等不良行为屡禁不止，《民法典》作出了更加明确的规定，就是从法律层面对违反规则的人说“不”。

04

七月

农历甲辰年
五月廿九

星期四

精选案例（五十）

【旅客乘运义务的一般规定】

小王乘坐高铁发现被霸座怎么办?

大学生小王放暑假后准备乘坐高铁回家，上车后发现自己的座位被另一名男子霸占，小王是否可以要求霸座男子让位?

精 彩 内 容
扫 码 收 听

03

农历甲辰年
五月廿八

星期三

七月

相关法条

《民法典》第八百零七条　发包人未按照约定支付价款的，承包人可以催告发包人在合理期限内支付价款。发包人逾期不支付的，除根据建设工程的性质不宜折价、拍卖外，承包人可以与发包人协议将该工程折价，也可以请求人民法院将该工程依法拍卖。建设工程的价款就该工程折价或者拍卖的价款优先受偿。

02

农历甲辰年
五月廿七

星期二

七月

法律解释

除不宜折价、拍卖的建设工程外，该公司可以与发包人协议将该工程折价，也可以请求人民法院将该工程依法拍卖，获得建设工程折价或拍卖款的优先受偿权。

建设工程发包人如果不按照合同约定支付工程价款（包括未按合同约定的工程价款数额和付款期限履行义务的），这严重损害了建筑施工企业的经营利益，甚至危害到进城务工农民的合法权益。《民法典》确定承包人享有工程折价或者拍卖价款的优先受偿权，就是保障承包人及其身后农民工的合法权益。

01

七月

农历甲辰年
五月廿六

星期一

建党节

精选案例（四十九）

【发包人未支付工程价款的责任】

发包人未支付工程价款，承包人该怎么办?

某公司是一家建筑施工企业，承接工程完成后，发包人不支付工程款，致使该公司无法给自己的工人发放工资，该公司应该怎样维护自己的权益?

精 彩 内 容

扫 码 收 听

柒月

柒月

SUN	MON	TUE	WED	THU	FRI	SAT
	1 **建党节**	2 廿七	3 廿八	4 廿九	5 三十	6 **小暑**
7 初二	8 初三	9 初四	10 初五	11 初六	12 初七	13 初八
14 初九	15 初十	16 十一	17 十二	18 十三	19 十四	20 十五
21 十六	22 **大暑**	23 十八	24 十九	25 二十	26 廿一	27 廿二
28 廿三	29 廿四	30 廿五	31 廿六			

30

六月

农历甲辰年
五月廿五

星期日

法律箴言

王子犯法，与庶民同罪。

29

农历甲辰年
五月廿四

星期六

六月

相关法条

《民法典》第七百三十四条（第二款） 租赁期限届满，房屋承租人享有以同等条件优先承租的权利。

28

农历甲辰年
五月廿三

星期五

六月

法律解释

在同等条件下，李某有优先承租权，可以要求续租该房屋，但是如果房东要求抬高房价，而李某不接受则另当别论。

《民法典》新增房屋承租人的优先承租权，优先承租权是指在房屋租赁合同中，租赁期限届满，出租人需继续出租的，原承租人在同等条件下优先于其他第三人取得租赁权。优先承租权成立于租赁关系开始时，发生于租赁合同届满之日。往往很多承租人对房屋都是投入了很多心血，优先承租权能够有效保护租赁关系的稳定。同时需注意优先承租权，强调“同等条件优先”，同样保护房屋所有权人的合法权益。

27

六月

农历甲辰年
五月廿二

星期四

精选案例（四十八）

【优先承租权】

房屋租赁到期承租人是否有权优先承租房屋？

李某所租住的房屋即将到期，想继续租住，但房东又欲高价另租给他人，李某是否可以要求继续租住该房屋？

精 彩 内 容
扫 码 收 听

26

农历甲辰年
五月廿一

星期三

六月

相关法条

《民法典》第七百三十二条　承租人在房屋租赁期限内死亡的，与其生前共同居住的人或者共同经营人可以按照原租赁合同租赁该房屋。

25

六月

农历甲辰年
五月二十

星期二

法律解释

生前和周某共同经营水果店铺的妻子。

周某在房屋租赁期限内死亡，其妻子作为水果店共同经营人及共同居住的人，可以按照原租赁合同继续租赁该店铺。

24

六月

农历甲辰年
五月十九

星期一

精选案例（四十七）

【承租人死亡的租赁关系的处理】

承租人在租赁期内死亡，谁有权继续租赁？

周某婚后和妻子租了一间店铺用于经营水果，在租赁期间，周某因突发心脏病抢救无效死亡，谁可以继续按照原租赁合同租赁该店铺？

精 彩 内 容
扫 码 收 听

23

六月

农历甲辰年
五月十八

星期日

法律箴言

法者，宪令着于官府，刑罚必于民心，赏存乎慎法，而罚加乎奸令者也。

22

农历甲辰年
五月十七

星期六

六月

相关法条

《民法典》第七百二十八条　出租人未通知承租人或者有其他妨害承租人行使优先购买权情形的，承租人可以请求出租人承担赔偿责任。但是，出租人与第三人订立的房屋买卖合同的效力不受影响。

21

六月

农历甲辰年
五月十六

星期五

夏至

法律解释

不能。房屋买卖合同有效，小珍可以要求郝某承担赔偿责任。郝某未履行告知义务，虽然妨害了小珍的优先购买权，但郝某与第三人的房屋买卖合同依然有效。小珍因此遭受的损失可以要求郝某承担损害赔偿责任。

20

农历甲辰年
五月十五

星期四

六月

精选案例（四十六）

【房屋承租人优先购买权受到侵害的法律后果】

租赁房屋买卖未告知租客导致未享受优先购买权怎么办?

小珍租住郝某的房屋近五年，小珍得知郝某已将房屋出卖给第三人。小珍也欲购买该房，其能否以郝某出卖房屋未履行告知义务，侵犯了其优先购买权为由主张房屋买卖合同无效?

精 彩 内 容
扫 码 收 听

19

农历甲辰年
五月十四

星期三

六月

相关法条

《民法典》第七百二十五条　租赁物在承租人按照租赁合同占有期限内发生所有权变动的，不影响租赁合同的效力。

18

农历甲辰年
五月十三

星期二

六月

法律解释

可以继续租住该房屋。

《民法典》第七百二十五条是对“买卖不破租赁”的规定，陈某与房东签订的租赁合同的效力并不因房屋所有权变动而受影响，租赁合同依然有效，因此陈某可以要求继续租住该房屋。

17

六月

农历甲辰年
五月十二

星期一

精选案例（四十五）

【所有权变动不破租赁】

房屋已经买卖，租客陈某是否还有权继续居住？

陈某在租房期间得知自己所住的房屋被房东卖给了范某并已经过户至范某名下，陈某是否可以要求继续租住该房屋？

精 彩 内 容
扫 码 收 听

16

农历甲辰年
五月十一

星期日

六月

法律箴言

吏不良，则有法而莫守；法不善，则有财而莫理。

15

农历甲辰年
五月初十

星期六

六月

相关法条

《民法典》第七百一十六条（第二款） 承租人未经出租人同意转租的，出租人可以解除合同。

14

农历甲辰年
五月初九

星期五

六月

法律解释

房东可以解除与兰兰之间的房屋租赁合同，要求第三人返还房屋，搬离住所。

如果房东知道或者应当知道兰兰将房子转租，但是在六个月内未提出异议的，则视为房东同意转租。

13

六月

农历甲辰年
五月初八

星期四

精选案例（四十四）

【承租人擅自转租的后果】

兰兰擅自将租赁房屋转租给第三人，出租方是否有权解除租赁合同?

兰兰在公司附近租了一套房，租期为一年，为节约租金，兰兰将房租一次性支付完毕。半年后，兰兰被公司调往外地，在房东不知情的情况下将房屋转租给第三人，房东知晓后可以采取什么措施?

精 彩 内 容
扫 码 收 听

12

六月

农历甲辰年
五月初七

星期三

相关法条

《民法典》第七百一十六条（第一款） 承租人经出租人同意，可以将租赁物转租给第三人。承租人转租的，承租人与出租人之间的租赁合同继续有效；第三人造成租赁物损失的，承租人应当赔偿损失。

11

六月

农历甲辰年
五月初六

星期二

法律解释

由兰兰承担。但兰兰有权向第三人进行追偿。

兰兰经房东同意将房屋转租给第三人，但兰兰与房东之间的租赁合同继续有效，第三人与房东之间没有合同关系，因此第三人在租房期间损坏了洗衣机，兰兰应当赔偿损失。兰兰赔偿后，有权向第三人追偿。

10

农历甲辰年
五月初五

星期一

六月

端午节

精选案例（四十三）

【承租人对租赁物转租的责任承担】

兰兰将房屋转租后要承担屋内家具物件损坏的赔偿责任吗？

兰兰在公司附近租了一套房，签订的房屋租赁合同租期为一年，包含家电的使用。半年后，兰兰被公司调往外地，经房东同意，兰兰将房屋转租给第三人，第三人在租房期间损坏了洗衣机，洗衣机的损失应当由谁承担？

精 彩 内 容
扫 码 收 听

09

六月

农历甲辰年
五月初四

星期日

法律箴言

正义可以提升一个民族。

08

六月

农历甲辰年
五月初三

星期六

相关法条

《民法典》第七百一十三条（第一款） 承租人在租赁物需要维修时可以请求出租人在合理期限内维修。出租人未履行维修义务的，承租人可以自行维修，维修费用由出租人负担。因维修租赁物影响承租人使用的，应当相应减少租金或者延长租期。

07

六月

农历甲辰年
五月初二

星期五

法律解释

可以要求租车公司承担维修费。

车辆出租人对于房车的车灯质量问题不履行维修义务，欧某维修后可以要求出租人承担维修费。如果因欧某的过错致使租赁物损坏需要维修的，出租人不承担前款规定的维修义务。

06

农历甲辰年
五月初一

星期四

六月

精选案例（四十二）

【出租人不履行维修义务的法律后果】

欧某自己维修租赁车辆的费用是否有权要求租车公司承担？

欧某在租车公司租了一辆房车准备带全家出门游玩，检查房车时发现车灯有问题，影响夜间开车的安全，告知出租人车灯情况后出租人未予理睬，为了不耽误出行安排，欧某自费维修。游玩结束后，欧某是否可以要求租车公司承担车灯维修费？

精 彩 内 容
扫 码 收 听

05

农历甲辰年
四月廿九

星期三

六月

芒种

相关法条

《民法典》第七百零六条　当事人未依照法律、行政法规规定办理租赁合同登记备案手续的，不影响合同的效力。

04

六月

农历甲辰年
四月廿八

星期二

法律解释

房屋租赁合同有效。

房屋租赁合同的效力以符合法律规定的生效要件为前提，王某签订房屋租赁合同后未办理登记备案手续，不影响该合同的效力。但登记程序是相当重要的，房屋是一种特殊商品，与国土资源、人口、居住以及社会治安、环境保护密切相关，因此有必要办理登记备案手续。

03

农历甲辰年
四月廿七

星期一

六月

精选案例（四十一）

【租赁合同的登记备案手续对合同效力的影响】

租赁合同未办理备案登记是否有效?

王某与房东签订房屋租赁合同后，未按照规定到相关部门办理登记备案手续，该房屋租赁合同是否有效?

精 彩 内 容
扫 码 收 听

02

农历甲辰年
四月廿六

星期日

六月

民法典宣传周

习近平总书记关于民法典的重要论述

加强民法典重大意义的宣传教育。要讲清楚，实施好民法典是发展社会主义市场经济、巩固社会主义基本经济制度的必然要求。

01

农历甲辰年
四月廿五

星期六

六月

民法典宣传周

习近平总书记关于民法典的重要论述

民法典实施得好，人民群众权益就会得到法律保障，人与人之间的交往活动就会更加有序，社会就会更加和谐。

陆月

陆月

SUN	MON	TUE	WED	THU	FRI	SAT
						1 廿五
2 廿六	3 廿七	4 廿八	5 **芒种**	6 五月	7 初二	8 初三
9 初四	10 **端午节**	11 初六	12 初七	13 初八	14 初九	15 初十
16 十一	17 十二	18 十三	19 十四	20 十五	21 **夏至**	22 十七
23 十八	24 十九	25 二十	26 廿一	27 廿二	28 廿三	29 廿四
30 廿五						

31

五月

农历甲辰年
四月廿四

星期五

民法典宣传周

习近平总书记关于民法典的重要论述

民法典调整规范自然人、法人等民事主体之间的人身关系和财产关系，这是社会生活和经济生活中最普通、最常见的社会关系和经济关系，涉及经济社会生活方方面面，同人民群众生产生活密不可分，同各行各业发展息息相关。

30

农历甲辰年
四月廿三

星期四

五
月

民法典宣传周

习近平总书记关于民法典的重要论述

加强民法典重大意义的宣传教育。要讲清楚，实施好民法典是坚持以人民为中心、保障人民权益实现和发展的必然要求。

29

农历甲辰年
四月廿二

星期三

五月

民法典宣传周

习近平总书记关于民法典的重要论述

在我国革命、建设、改革各个历史时期，我们党都高度重视民事法律制定实施。党的十八大以来，我们顺应实践发展要求和人民群众期待，把编纂民法典摆上重要日程。在各方面共同努力下，经过5年多工作，民法典终于颁布实施，实现了几代人的夙愿。

28

五月

农历甲辰年
四月廿一

星期二

2020 年 5 月 28 日

《中华人民共和国民法典》正式通过

民法典宣传周

习近平总书记关于民法典的重要论述

民法典系统整合了新中国成立70多年来长期实践形成的民事法律规范，汲取了中华民族5000多年优秀法律文化，借鉴了人类法治文明建设有益成果，是一部体现我国社会主义性质、符合人民利益和愿望、顺应时代发展要求的民法典，是一部体现对生命健康、财产安全、交易便利、生活幸福、人格尊严等各方面权利平等保护的民法典，是一部具有鲜明中国特色、实践特色、时代特色的民法典。

27

农历甲辰年
四月二十

星期一

五月

民法典宣传周

习近平总书记关于民法典的重要论述

民法典在中国特色社会主义法律体系中具有重要地位，是一部固根本、稳预期、利长远的基础性法律，对推进全面依法治国、加快建设社会主义法治国家，对发展社会主义市场经济、巩固社会主义基本经济制度，对坚持以人民为中心的发展思想、依法维护人民权益、推动我国人权事业发展，对推进国家治理体系和治理能力现代化，都具有重大意义。

26

五月

农历甲辰年
四月十九

星期日

法律箴言

人类有法律，事物有规律，这是不容忽视的。

25

五月

农历甲辰年
四月十八

星期六

相关法条

《民法典》第六百五十四条　用电人应当按照国家有关规定和当事人的约定及时支付电费。用电人逾期不支付电费的，应当按照约定支付违约金。经催告用电人在合理期限内仍不支付电费和违约金的，供电人可以按照国家规定的程序中止供电。

供电人依据前款规定中止供电的，应当事先通知用电人。

24

农历甲辰年
四月十七

星期五

五月

法律解释

不能。应当先经过催告程序和通知程序。

用电方欠付电费，供电方未按法律规定履行催告、通知义务就中止供电，造成用电人损失的应承担赔偿责任。

23

农历甲辰年
四月十六

星期四

五月

精选案例（四十）

【用电人的交付电费义务】

程某不交电费，供电公司能否中止供电？

程某超过供用电合同约定的交费期限，未向供电公司（有配网经营权）支付电费，此时供电公司能否立即中止对程某的供电？

精 彩 内 容

扫 码 收 听

22

农历甲辰年
四月十五

星期三

五月

相关法条

《民法典》第六百五十三条　因自然灾害等原因断电，供电人应当按照国家有关规定及时抢修；未及时抢修，造成用电人损失的，应当承担赔偿责任。

21

农历甲辰年
四月十四

星期二

五月

法律解释

不应当。供电公司已及时抢修线路，恢复了供电；若未及时抢修，造成停电停产损失的，应承担赔偿责任。

山体滑坡是自然灾害，属不可抗力，供电公司无过错，且灾害发生后，供电公司及时抢修，恢复了供电。因此，供电公司不应当承担某厂停电停产期间的损失责任。

20

五月

农历甲辰年
四月十三

星期一

小满

精选案例（三十九）

【供电人的抢修义务】

因自然灾害导致停电，某厂停电期间的损失是否要供电公司承担？

某地突发山体滑坡，某供电公司供某厂用电的电线杆倒了。该供电公司及时抢修线路，恢复了供电。该供电公司是否应当承担某厂停电停产期间的损失责任？

精 彩 内 容
扫 码 收 听

19

农历甲辰年
四月十二

星期日

五月

法律箴言

法律和制度必须跟上人类思想进步。

18

五月

农历甲辰年
四月十一

星期六

相关法条

《民法典》第六百五十条　供用电合同的履行地点，按照当事人约定；当事人没有约定或者约定不明确的，供电设施的产权分界处为履行地点。

17

五月

农历甲辰年
四月初十

星期五

法律解释

供电设施的产权分界处为履行地点。

供用电合同的履行地点，是指售电人将作为商品的电力交付用电人的地点。徐某与售电公司未约定合同履行地，因此按照法律规定，供电设施的产权分界处为履行地点。

16

五月

农历甲辰年
四月初九

星期四

精选案例（三十八）

【供用电合同履行地】

如何确定供用电合同的履行地？

徐某与某售电公司签订了供用电合同，但是合同对履行地点没有约定，如何确定履行地点？

精 彩 内 容
扫 码 收 听

15

五月

农历甲辰年
四月初八

星期三

相关法条

《民法典》第六百四十八条　供用电合同是供电人向用电人供电，用电人支付电费的合同。

向社会公众供电的供电人，不得拒绝用电人合理的订立合同要求。

14

五月

农历甲辰年
四月初七

星期二

法律解释

不对，供电公司无权拒绝订立供电合同。

《民法典》第六百四十八条进一步明确电网经营主体以及其他配售电主体作为供电人的强制缔约义务，赋予社会公众可通过行使强制缔约权利维护用电需求，保护消费者作为弱势群体的合法权益。

13

农历甲辰年
四月初六

星期一

五月

精选案例（三十七）

【供电合同的强制缔约义务】

供电公司是否有权拒绝订立供电合同？

某售电公司是某市 A 区三家售电公司（有配网经营权）之一。小朱向该售电公司申请用电，售电公司认为公司的主要客户是大工业用户，小朱是居民家庭用电，不符合公司经营战略，建议小朱选择另外两家售电公司申请用电。售电公司的做法对吗？

精 彩 内 容
扫 码 收 听

12

五月

农历甲辰年
四月初五

星期日

法律箴言

立善防恶谓之礼，禁非立是谓之法。

11

五月

农历甲辰年
四月初四

星期六

相关法条

《民法典》第五百一十二条（第一款） 通过互联网等信息网络订立的电子合同的标的为交付商品并采用快递物流方式交付的，收货人的签收时间为交付时间。电子合同的标的为提供服务的，生成的电子凭证或者实物凭证中载明的时间为提供服务时间；前述凭证没有载明时间或者载明时间与实际提供服务时间不一致的，以实际提供服务的时间为准。

《民法典》第六百零四条　标的物毁损、灭失的风险，在标的物交付之前由出卖人承担，交付之后由买受人承担，但是法律另有规定或者当事人另有约定的除外。

10

农历甲辰年
四月初三

星期五

五月

法律解释

因为没有实际交付，卖方应赔偿谭某的财产损失。

《民法典》第六百零四条系关于风险负担的一般原则，需要强调的是，风险负担中的“风险”一定是该风险的发生不可归责于双方当事人的事由。本案中店家发货了，但是谭某没有收到，则没有交付成功，其风险由出卖人承担。至于是否因物流原因导致，系卖方与物流公司之间的合同关系。

09

农历甲辰年
四月初二

星期四

五月

精选案例（三十六）

【电子合同标的的交付时间】

谭某网购手机没有收到，该找谁赔偿损失？

谭某在网上购买了一部新款手机，查询网络平台发现手机已经发货，之后谭某却一直没有收到该新款手机，但订单却显示已收货，谭某所遭受的财产损失应当由谁来赔偿？

精 彩 内 容
扫 码 收 听

08

农历甲辰年
四月初一

星期三

五月

相关法条

《民法典》第四百九十六条　格式条款是当事人为了重复使用而预先拟定，并在订立合同时未与对方协商的条款。

采用格式条款订立合同的，提供格式条款的一方应当遵循公平原则确定当事人之间的权利和义务，并采取合理的方式提示对方注意免除或者减轻其责任等与对方有重大利害关系的条款，按照对方的要求，对该条款予以说明。提供格式条款的一方未履行提示或者说明义务，致使对方没有注意或者理解与其有重大利害关系的条款的，对方可以主张该条款不成为合同的内容。

07

五月

农历甲辰年
三月廿九

星期二

法律解释

小张可以主张该条款不成为合同的内容。

《民法典》在最高人民法院《关于运用〈中华人民共和国合同法〉若干问题的解释（二）》的基础上发生了变化，对未履行说明义务且致使相对人没有注意或理解与其有重大利害关系的条款，相对人从可申请“撤销”到主张“不成为合同的内容”，变化较大。原撤销权属于形成权，有除斥期间的限制，导致撤销权的行使存在一定困难，从而有可能使权利得不到实质保障，而改变为“不成为合同的内容”的规定则更有利于对相对人的保护。

06

农历甲辰年
三月廿八

星期一

五月

精选案例（三十五）

【格式条款】

在没有说明和提示下签订了格式条款该怎么办?

小张与某保险公司签订合同后，发现该格式合同的某些条款侵害了自己的合法权益，但是保险公司却没有对该项条款作出说明，也未采取合理的方式提示自己注意。小张怎样才能维护自己的合法权益呢?

精 彩 内 容
扫 码 收 听

05

农历甲辰年
三月廿七

星期日

五月

立夏

法律箴言

法令者，所以抑暴扶弱，欲其难犯而易避也。

04

五月

农历甲辰年
三月廿六

星期六

相关法条

《民法典》第四百九十五条　当事人约定在将来一定期限内订立合同的认购书、订购书、预订书等，构成预约合同。

当事人一方不履行预约合同约定的订立合同义务的，对方可以请求其承担预约合同的违约责任。

03

农历甲辰年
三月廿五

星期五

五月

法律解释

可以要求其承担违约责任。

《民法典》第四百九十五条规定了预约合同。预约合同具有下述两个特征：一是当事人必须明确表达将来一定期限内订立合同的意思，并且该意思表示对双方具有约束力；二是预约合同通常确定了部分合同条款，预约合同对双方约定了相应的义务，若一方违反义务将承担违约责任。

02

五月

农历甲辰年
三月廿四

星期四

精选案例（三十四）

【预约合同】

签订了预订书拒绝订立合同是否要承担违约责任？

某教育机构在新兴书店预订了一套书籍，并签订了预订书，表示在 9 月份学生开学时签订合同即刻购买。新兴书店因此采购了该套书籍，但直到 10 月底，该教育机构都未订立合同进行采购。新兴书店可以请求教育机构承担违约责任吗？

精 彩 内 容
扫 码 收 听

01

五月

农历甲辰年
三月廿三

星期三

劳动节

相关法条

《民法典》第四百四十七条　债务人不履行到期债务，债权人可以留置已经合法占有的债务人的动产，并有权就该动产优先受偿。

前款规定的债权人为留置权人，占有的动产为留置财产。

《民法典》第四百四十八条　债权人留置的动产，应当与债权属于同一法律关系，但是企业之间留置的除外。

《民法典》第四百五十一条　留置权人负有妥善保管留置财产的义务；因保管不善致使留置财产毁损、灭失的，应当承担赔偿责任。

伍月

伍月

SUN	MON	TUE	WED	THU	FRI	SAT
			1 劳动节	2 廿四	3 廿五	4 廿六
5 立夏	6 廿八	7 廿九	8 四月	9 初二	10 初三	11 初四
12 初五	13 初六	14 初七	15 初八	16 初九	17 初十	18 十一
19 十二	20 小满	21 十四	22 十五	23 十六	24 十七	25 十八
26 十九	27 二十	28 廿一	29 廿二	30 廿三	31 廿四	

30

四月

农历甲辰年
三月廿二

星期二

法律解释

王师傅可以留置该自行车，并有权就该自行车变卖所得的价款优先受偿。

担保物权是指为了确保债务履行而设立的物权，包括抵押权、质权、留置权，当债务人不履行债务时，债权人依法享有就担保财产优先受偿的权利。依据《民法典》规定，留置权的基础必须是基于合法占有。王师傅基于修车合法占有代某的自行车，代某拒绝支付修理费，王师傅可以行使留置权，而且有权就该自行车变卖所得的价款优先受偿。

同时需要注意，留置的财产应当与债务人所负的债务相当，实践中存在滥用留置权，留置明显超过其债权的财产，侵害了债务人的合法权益，《民法典》第四百五十条对此作出限制规定：“留置财产为可分物的，留置财产的价值应当相当于债务的金额。”

29

农历甲辰年
三月廿一

星期一

四月

精选案例（三十三）

【留置权】

代某不支付自行车维修费，维修工人王师傅该怎么办？

代某骑自己的山地自行车出门游玩，途中自行车链条断裂，代某将自行车交给王师傅修理，约定修理费 100 元。自行车修好后，代某嫌费用太高拒绝支付，王师傅可以怎么处理？

精 彩 内 容

扫 码 收 听

28

农历甲辰年
三月二十

星期日

四月

法律箴言

以无情的目光论事，以慈悲的目光看人。

27

农历甲辰年
三月十九

星期六

四月

相关法条

《民法典》第三百九十九条　下列财产不得抵押：

（一）土地所有权；

（二）宅基地、自留地、自留山等集体所有土地的使用权，但是法律规定可以抵押的除外；

（三）学校、幼儿园、医疗机构等为公益目的成立的非营利法人的教育设施、医疗卫生设施和其他公益设施；

（四）所有权、使用权不明或者有争议的财产；

（五）依法被查封、扣押、监管的财产；

（六）法律、行政法规规定不得抵押的其他财产。

26

四月

农历甲辰年
三月十八

星期五

法律解释

该抵押合同无效。

因曾某的汽车已被人民法院依法查封，属于法律规定不得抵押的财产，故曾某将该汽车抵押给汪某的行为无效，即抵押合同自始无效，汪某不能取得抵押权。

25

四月

农历甲辰年
三月十七

星期四

精选案例（三十二）

【禁止抵押的财产范围】

曾某是否有权将人民法院查封的汽车抵押给汪某?

曾某向汪某借款，汪某同意并要求曾某提供担保。曾某将被人民法院查封的汽车抵押给汪某，该抵押合同是否有效?

精 彩 内 容
扫 码 收 听

24

四月

农历甲辰年
三月十六

星期三

相关法条

《民法典》第三百六十九条　居住权不得转让、继承。设立居住权的住宅不得出租，但是当事人另有约定的除外。

23

农历甲辰年
三月十五

星期二

四月

法律解释

在双方无另外约定的情况下，老张不得出租。

《民法典》第三百六十六条到第三百七十一条新增了居住权的相关规定，明确了居住权合同订立的要求以及权利义务。居住权以满足生活居住的需要，对他人的住宅享有占有、使用的用益物权。居住权增设的目的，就是要凸显房屋的居住属性，保障居住人，尤其是老年人等弱势群体有房可住。值得注意的是，物权编规定居住权为登记设立，也就是说只有登记机关记录在册、予以载明的居住权才能合法成立，受法律保护。

22

四月

农历甲辰年
三月十四

星期一

精选案例（三十一）

【居住权】

设立居住权的房屋是否有权再租赁?

老张有两套房子，便与照看自己五年的保姆签订了其中一套房子的居住权合同，约定保姆对那套房子享有的居住权期限为十年，并且进行了登记。两年后老张投资失败，身无分文。他能够出租设立居住权的那套房子吗?

精 彩 内 容
扫 码 收 听

21

农历甲辰年
三月十三

星期日

四月

法律箴言

法律是安全的盔甲，在法律的保护下任何人都不受侵犯。

20

四月

农历甲辰年
三月十二

星期六

相关法条

《民法典》第三百五十九条（第一款） 住宅建设用地使用权期限届满的，自动续期。续期费用的缴纳或者减免，依照法律、行政法规的规定办理。

19

四月

农历甲辰年
三月十一

星期五

谷雨

法律解释

不会。小美所购房屋的住宅建设用地使用权到期后自动续期。

住宅建设用地使用权的续期不需要当事人向相关政府部门申请、批准，就可以自动延长。期满后的续期费用的缴纳或者减免，具体的政策关注后期的法律规定及国家相关政策。

18

农历甲辰年
三月初十

星期四

四月

精选案例（三十）

【住宅建设用地使用权的续期】

住宅建设用地使用权 70 年到期后是否会消灭?

小美准备在市区买房，由于看好某二手房的地理位置，看房后当天即购买了该二手房。过户后，小美得知住宅建设用地使用权只有 70 年，而其购买的房屋已经居住了 30 年。40 年后，小美所购房屋的住宅建设用地使用权是否会消灭?

精 彩 内 容
扫 码 收 听

17

农历甲辰年
三月初九

星期三

四月

相关法条

《民法典》第三百三十四条　土地承包经营权人依照法律规定，有权将土地承包经营权互换、转让。未经依法批准，不得将承包地用于非农建设。

16

农历甲辰年
三月初八

星期二

四月

法律解释

可以转让其土地承包经营权。

根据《民法典》第三百三十四条的规定，小强作为土地承包经营权人可以采取互换、转让方式进行流转。建议小强与对方签订书面合同。另外，土地承包经营权互换、转让的，当事人应向登记机构申请登记，未经登记，不得对抗善意第三人。

15

四月

农历甲辰年
三月初七

星期一

精选案例（二十九）

【土地承包经营权的互换、转让】

小强是否有权转让其土地承包经营权？

小强是桂花村的一名普通村民，在该村拥有承包地，小强是否可以转让其土地承包经营权？

精 彩 内 容
扫 码 收 听

14

农历甲辰年
三月初六

星期日

四月

法律箴言

法律如果推不开特权的门，也一定跨不进人民的心。

13

农历甲辰年
三月初五

星期六

四月

相关法条

《民法典》第三百三十三条（第一款） 土地承包经营权自土地承包经营权合同生效时设立。

12

四月

农历甲辰年
三月初四

星期五

法律解释

不影响。袁某自土地承包经营权合同生效时，已经取得土地承包经营权。

虽然土地承包经营权自合同生效时设立，但是依然建议承包人办理登记。土地承包经营权人申请登记时，登记机构应当向其颁发土地承包经营权证或者林权证等证书，并登记造册，确认土地承包经营权。

11

四月

农历甲辰年
三月初三

星期四

精选案例（二十八）

【土地承包经营权的设立时间】

未办理确权登记是否影响取得土地承包经营权？

村民袁某承包了一块集体所有的土地，订立了土地承包经营权合同，但未办理确权登记，是否影响取得土地承包经营权？

精 彩 内 容
扫 码 收 听

10

农历甲辰年
三月初二

星期三

四月

相关法条

《民法典》第二百八十五条　物业服务企业或者其他管理人根据业主的委托，依照本法第三编有关物业服务合同的规定管理建筑区划内的建筑物及其附属设施，接受业主的监督，并及时答复业主对物业服务情况提出的询问。物业服务企业或者其他管理人应当执行政府依法实施的应急处置措施和其他管理措施，积极配合开展相关工作。

09

农历甲辰年
三月初一

星期二

四月

法律解释

不能。抗击新冠肺炎疫情期间，物业服务企业或者其他管理人应当执行政府依法实施的应急处置措施和其他管理措施，积极配合开展相关工作。

《民法典》第二百八十五条增加了一款："物业服务企业或者其他管理人应当执行政府依法实施的应急处置措施和其他管理措施，积极配合开展相关工作。"也就是说，《民法典》赋予了物业管理企业社会管理使命。例如新冠肺炎疫情暴发时，全国各地的小区大多施行封闭管理。此过程除了政府管理，物业服务企业对于社区管理的作用也是非常重要的，这也是物业服务企业在物业服务合同之外新增的公法义务。

08

农历甲辰年
二月三十

星期一

四月

精选案例（二十七）

【物业服务企业或其他管理人的公法义务】

小区的物业公司是否有权拒绝执行政府抗击疫情的管理政策?

为了响应抗击新冠肺炎疫情的号召，全国各地物业小区开始施行封闭管理，政府要求福兴小区的物业公司协助管理，该物业公司能以不属于自己的职责范围为由拒不协助吗?

精 彩 内 容
扫 码 收 听

07

四月

农历甲辰年
二月廿九

星期日

法律箴言

人民之安宁乃最高之法律。

06

农历甲辰年
二月廿八

星期六

四月

相关法条

《民法典》第二百七十九条　业主不得违反法律、法规以及管理规约，将住宅改变为经营性用房。业主将住宅改变为经营性用房的，除遵守法律、法规以及管理规约外，应当经有利害关系的业主一致同意。

05

农历甲辰年
二月廿七

星期五

四月

法律解释

需要符合法律、法规以及管理规约的规定，同时经所有利害关系的业主一致同意。

胡某将住宅的一部分改为经营性用房，会对周围邻居生活造成影响，特别是麻将室、餐厅、工作室等，一是形成噪声污染，二是住宅改为经营性用房后，必然会有更多的人员出入房屋和小区，会对周围邻居的安全及住宅私密性造成影响。因此必须经有利害关系的业主一致同意。

04

四月

农历甲辰年
二月廿六

星期四

清明

精选案例（二十六）

【业主改变住宅用途的限制条件】

胡某是否有权将住宅改为麻将室对外经营?

胡某想将自己住宅的一部分改为麻将室，对外经营，需要经哪些业主同意才能经营?

精 彩 内 容
扫 码 收 听

03

农历甲辰年
二月廿五

星期三

四月

相关法条

《民法典》第二百七十八条　下列事项由业主共同决定：

（一）制定和修改业主大会议事规则；

（二）制定和修改管理规约；

（三）选举业主委员会或者更换业主委员会成员；

（四）选聘和解聘物业服务企业或者其他管理人；

（五）使用建筑物及其附属设施的维修资金；

（六）筹集建筑物及其附属设施的维修资金；

（七）改建、重建建筑物及其附属设施；

（八）改变共有部分的用途或者利用共有部分从事经营活动；

（九）有关共有和共同管理权利的其他重大事项。

业主共同决定事项，应当由专有部分面积占比三分之二以上的业主且人数占比三分之二以上的业主参与表决。决定前款第六项至第八项规定的事项，应当经参与表决专有部分面积四分之三以上的业主且参与表决人数四分之三以上的业主同意。决定前款其他事项，应当经参与表决专有部分面积过半数的业主且参与表决人数过半数的业主同意。

02

四月

农历甲辰年
二月廿四

星期二

法律解释

小张没有单独解聘的权力。因为选聘和解聘物业服务企业或者其他管理人需要由业主共同决定，需要召开业主大会进行表决。

《民法典》第二百七十八条的规定对业主共同决定相关事项的议事表决规则有新调整，通过调整表决对象范围为“参与表决的业主”，防止部分小区业主不积极导致决议很难形成。它从整体上适当降低业主共同决定事项的表决比例，特别是筹集和使用建筑物及其附属设施维修资金的表决通过门槛。这使得决议更易形成，有利于建筑物维修资金的筹集和使用，从而更好实现小区事务的“业主自治”。

01

四月

农历甲辰年
二月廿三

星期一

精选案例（二十五）

【业主共同决定的事项及表决】

小张是否有权解聘物业公司？

小张在福兴小区买房子，住了三年，觉得小区物业公司不负责任，什么都不管，便想要解聘该物业公司。请问他有权单独解聘吗？

精 彩 内 容
扫 码 收 听

肆月

肆月

SUN	MON	TUE	WED	THU	FRI	SAT
	1 廿三	2 廿四	3 廿五	4 **清明**	5 廿七	6 廿八
7 廿九	8 三十	9 三月	10 初二	11 初三	12 初四	13 初五
14 初六	15 初七	16 初八	17 初九	18 初十	19 **谷雨**	20 十二
21 十三	22 十四	23 十五	24 十六	25 十七	26 十八	27 十九
28 二十	29 廿一	30 廿二				

31

三月

农历甲辰年
二月廿二

星期日

法律箴言

在民法慈母般的眼神中，每个人就是整个国家。

30

三月

农历甲辰年
二月廿一

星期六

相关法条

《民法典》第二百八十一条　建筑物及其附属设施的维修资金，属于业主共有。经业主共同决定，可以用于电梯、屋顶、外墙、无障碍设施等共有部分的维修、更新和改造。建筑物及其附属设施的维修资金的筹集、使用情况应当定期公布。

紧急情况下需要维修建筑物及其附属设施的，业主大会或者业主委员会可以依法申请使用建筑物及其附属设施的维修资金。

29

农历甲辰年
二月二十

星期五

三月

法律解释

可以由业主大会或业主委员会依法申请。

使用公共维修资金，原则上需要执行《民法典》第二百七十八条的规定，也就是需要一定占比的业主进行表决同意。但《民法典》第二百八十一条第二款规定了特殊情形，在满足紧急情况下使用公共维修资金可由业主大会或业主委员会申请，保障小区业主的居住安全。这也体现了小区业委会的重要地位和作用。

28

农历甲辰年
二月十九

星期四

三月

精选案例（二十四）

【建筑物及其附属设施维修资金的归属和处分】

在电梯出问题的紧急情况下是否可以申请维修资金？

欣来小区某单元的电梯年久失修，虽然还能使用，但乘坐时晃动剧烈且经常发出“轰隆”的响声。为了楼内业主的安全，能免除表决程序，在紧急情况下使用公共维修资金吗？

精 彩 内 容

扫 码 收 听

27

农历甲辰年
二月十八

星期三

三月

相关法条

《民法典》第二百七十四条　建筑区划内的道路，属于业主共有，但是属于城镇公共道路的除外。建筑区划内的绿地，属于业主共有，但是属于城镇公共绿地或者明示属于个人的除外。建筑区划内的其他公共场所、公用设施和物业服务用房，属于业主共有。

《民法典》第二百八十二条　建设单位、物业服务企业或者其他管理人等利用业主的共有部分产生的收入，在扣除合理成本之后，属于业主共有。

26

农历甲辰年
二月十七

三月

星期二

法律解释

物业公司利用小区公共电梯所得的广告收入，在扣除合理成本之后，属于小区业主共有。

为便于业主监督小区内的收益情况，根据《民法典》第九百四十三条规定，“物业服务人应当定期将服务的事项、负责人员、质量要求、收费项目、收费标准、履行情况，以及维修资金使用情况、业主共有部分的经营与收益情况等以合理方式向业主公开并向业主大会、业主委员会报告”，避免业主公共利益被侵占。

25

三月

农历甲辰年
二月十六

星期一

精选案例（二十三）

【建筑物共有部分的收入分配】

小区内公共电梯广告收入归谁所有?

袁某是华陆小区的业主，袁某所住的华陆小区公共电梯内安装有广告牌，袁某向法律援助中心志愿者咨询，如果公共电梯内的广告产生了收入，该笔收入应属于谁?

精彩内容
扫码收听

24

三月

农历甲辰年
二月十五

星期日

法律箴言

行为超过限度，法律就会禁止。

23

三月

农历甲辰年
二月十四

星期六

相关法条

《民法典》第二百六十四条　农村集体经济组织或者村民委员会、村民小组应当依照法律、行政法规以及章程、村规民约向本集体成员公布集体财产的状况。集体成员有权查阅、复制相关资料。

22

农历甲辰年
二月十三

星期五

三月

法律解释

小芳有权查阅、复制相关资料。

在农村集体经济组织或村民委员会、村民小组未履行集体财产公布义务的情况下，应赋予集体成员查阅、复制权。如果集体成员的查阅、复制权受到侵害，即集体组织拒绝其查阅、复制相关资料，可以寻求司法途径救济。

21

三月

农历甲辰年
二月十二

星期四

精选案例（二十二）

【集体成员对集体财产的知情权】

村民是否有权查阅、复制村委会的相关资料？

小芳作为桂花村的一名热心村民，对村里的集体财产状况一直很好奇，但是村委会却没有公布。小芳是否可以查阅、复制村里关于集体财产的资料？

精 彩 内 容
扫 码 收 听

20

农历甲辰年
二月十一

星期三

三月

春分

相关法条

《民法典》第二百四十五条　因抢险救灾、疫情防控等紧急需要，依照法律规定的权限和程序可以征用组织、个人的不动产或者动产。被征用的不动产或者动产使用后，应当返还被征用人。组织、个人的不动产或者动产被征用或者征用后毁损、灭失的，应当给予补偿。

19

三月

农历甲辰年
二月初十

星期二

法律解释

如果小刚的渔船因抗洪救灾被征用或者征用后毁损、灭失的，应当得到公平、合理补偿。

征用是指国家因公共利益需要，在一定时段内使用个人或组织财产并给予相应补偿的行政行为，征用后财产所有权性质不变。

18

农历甲辰年
二月初九

星期一

三月

精选案例（二十一）

【征用补偿】

抗洪期间被征用船只能否要求补偿？

某地因连降暴雨，洪水泛滥。抗洪期间，政府征用了小刚捕鱼的船用于救援困难群众。待洪水退去，灾情结束后，小刚能否要求补偿？

精 彩 内 容
扫 码 收 听

17

农历甲辰年
二月初八

星期日

三月

法律箴言

礼禁未然之前，法施已然之后。

16

三月

农历甲辰年
二月初七

星期六

相关法条

《民法典》第二百三十五条　无权占有不动产或者动产的，权利人可以请求返还原物。

15

三月

农历甲辰年
二月初六

星期五

法律解释

马某有权要求邻居返还足球，但是马某应当赔偿邻居的损失，否则邻居有权暂时扣留。

虽然马某砸碎了邻居家的昂贵花盆，但邻居占有特定签名足球的行为属于无权占有，马某有权要求其返还。对于邻居花盆的损失，马某构成侵权，应承担损害赔偿责任，马某若不予赔偿，邻居有权暂时扣留或报警处理，但不得毁损，否则也将承担法律责任。

14

三月

农历甲辰年
二月初五

星期四

精选案例（二十）

【返还原物请求权】

踢足球不小心砸碎邻居花盆，邻居是否有权扣留足球？

马某购得有足球明星 C 罗亲笔签名的足球后兴奋不已，一脚踢出，刚好踢入邻居院内将其昂贵花盆砸碎。邻居捡起足球后，要求马某赔偿损失，否则不返还足球。马某是否能够要求邻居返还足球？

精 彩 内 容
扫 码 收 听

13

三月

农历甲辰年
二月初四

星期三

相关法条

《民法典》第三百九十五条　债务人或者第三人有权处分的下列财产可以抵押：

（一）建筑物和其他土地附着物；

（二）建设用地使用权；

（三）海域使用权；

（四）生产设备、原材料、半成品、产品；

（五）正在建造的建筑物、船舶、航空器；

（六）交通运输工具；

（七）法律、行政法规未禁止抵押的其他财产。

抵押人可以将前款所列财产一并抵押。

《民法典》第四百零二条　以本法第三百九十五条第一款第一项至第三项规定的财产或者第五项规定的正在建造的建筑物抵押的，应当办理抵押登记。抵押权自登记时设立。

12

农历甲辰年
二月初三

三月

星期二

法律解释

未登记，抵押权未设立，张某不能取得该房屋抵押权。

不动产抵押权采取登记生效原则，抵押权自办理抵押登记时设立。陈某与张某虽然签订了合同，但未进行登记，抵押权未设立，张某不能取得该房产的抵押权。

11

三月

农历甲辰年
二月初二

星期一

精选案例（十九）

【不动产抵押登记】

房屋抵押未办理登记是否享有抵押权？

陈某向张某借款，陈某与张某约定以自有房屋担保该笔借款，并签订房屋抵押借款合同。陈某将房本交给张某，未办理抵押登记，张某是否取得该房屋的抵押权？

精 彩 内 容
扫 码 收 听

10

农历甲辰年
二月初一

星期日

三月

法律箴言

悬衡而知平，设规而知圆。

09

农历甲辰年
正月廿九

星期六

三月

相关法条

《民法典》第二百二十条（第二款） 不动产登记簿记载的权利人不同意更正的，利害关系人可以申请异议登记。登记机构予以异议登记，申请人自异议登记之日起十五日内不提出诉讼的，异议登记失效。异议登记不当，造成权利人损害的，权利人可以向申请人请求损害赔偿。

08

三月

农历甲辰年
正月廿八

星期五

法律解释

有权申请异议登记。

异议登记是利害关系人对不动产登记簿记载的权利提出异议并记入登记簿的行为。异议登记是更正登记的前置辅助手段，其目的是将异议登记推进到更正登记。异议登记起暂时阻却登记公信力的作用，最终对物权归属和内容的确定还是要看更正登记的内容。

07

农历甲辰年
正月廿七

星期四

三月

精选案例（十八）

【不动产异议登记】

房屋被人偷卖是否有权申请异议登记?

刘某借用张某的房屋居住，刘某在张某家发现了张某的旧身份证及不动产权证，于是便私下将张某房屋卖给了曾某。张某发现房屋被过户后，是否有权申请异议登记?

精 彩 内 容

扫 码 收 听

06

三月

农历甲辰年
正月廿六

星期三

相关法条

《民法典》第二百一十八条　权利人、利害关系人可以申请查询、复制不动产登记资料，登记机构应当提供。

《民法典》第二百一十九条　利害关系人不得公开、非法使用权利人的不动产登记资料。

05

三月

农历甲辰年
正月廿五

星期二

惊蛰

法律解释

不合法。小李无权公开房东的不动产登记信息。

《民法典》第二百一十九条系新增规定，体现了对不动产登记资料的保护。《不动产登记暂行条例》第二十八条规定，查询不动产登记资料的单位、个人应当向不动产登记机构说明查询目的，不得将查询获得的不动产登记资料用于其他目的；未经权利人同意，不得泄露查询获得的不动产登记资料。民法典新增条款系对《不动产登记暂行条例》该项规定的凝练和提升。

04

农历甲辰年
正月廿四

星期一

三月

精选案例（十七）

【不动产登记资料的查询、复制及合理使用范围】

小李是否有权以其知道的不动产权登记信息威胁房东?

小李毕业后准备在公司附近租一套房，为了查明房屋的真实状况，小李与房东签订租房合同时查阅并复制了该不动产登记信息。租房合同到期后，房东想收回房屋另租给朋友，小李则以公开房东不动产登记信息相威胁要求续租房屋。小李的做法是否合法?

精 彩 内 容
扫 码 收 听

03

农历甲辰年
正月廿三

星期日

三月

法律箴言

惩其未犯，防其未然。

02

三月

农历甲辰年
正月廿二

星期六

相关法条

《民法典》第一百八十八条　向人民法院请求保护民事权利的诉讼时效期间为三年。法律另有规定的，依照其规定。

诉讼时效期间自权利人知道或者应当知道权利受到损害以及义务人之日起计算。法律另有规定的，依照其规定。但是，自权利受到损害之日起超过二十年的，人民法院不予保护，有特殊情况的，人民法院可以根据权利人的申请决定延长。

《民法典》第一百九十一条　未成年人遭受性侵害的损害赔偿请求权的诉讼时效期间，自受害人年满十八周岁之日起计算。

01

农历甲辰年
正月廿一

星期五

三月

法律解释

没有超过诉讼时效。小丽遭受性侵害的诉讼时效，从她年满十八周岁开始起算，为期三年。

现实中，许多遭受性侵害的未成年人，有的因年幼受到侵害却不自知；有的因对方是亲戚、师长，不敢、不便或羞于求助；有的因家人受社会传统观念影响而有所顾忌。这些家长从未成年人的名誉、声誉和健康成长等现实角度考虑，不愿或不敢公开起诉索赔，而没有能力进行自我保护的未成年人，只能选择承受那份“难言的痛”。等他们成年后愿意或敢于寻求法律保护时，却往往被告知诉讼时效期间已届满，而遭遇维权无门的困境。

现在，《民法典》将未成年人遭受性侵害的诉讼时效起算点推到受害人年满十八周岁后，意味着那些不幸有过性侵遭遇的孩子，成年后依然可以拿起法律武器，让坏人付出代价，接受惩罚！因此，小丽成年后，三年的时间范围内，都可以起诉索赔，且如果存在法定的中止、中断事由，“截止时间”还可以延后。

叁月

叁月

SUN	MON	TUE	WED	THU	FRI	SAT
					1 廿一	2 廿二
3 廿三	4 廿四	5 **惊蛰**	6 廿六	7 廿七	8 廿八	9 廿九
10 二月	11 初二	12 初三	13 初四	14 初五	15 初六	16 初七
17 初八	18 初九	19 初十	20 **春分**	21 十二	22 十三	23 十四
24 十五	25 十六	26 十七	27 十八	28 十九	29 二十	30 廿一
31 廿二						

29

农历甲辰年
正月二十

星期四

二月

精选案例（十六）

【被性侵未成年人赔偿请求权的诉讼时效】

未成年人是否可以在成年后对幼年时遭受的性侵害提出赔偿主张？

小丽十三岁时被性侵，由于当时年幼无知，没有选择起诉要求赔偿。小丽在年满二十周岁时想起诉要求赔偿，是否超过了诉讼时效？

精 彩 内 容
扫 码 收 听

28

农历甲辰年
正月十九

星期三

二月

相关法条

《民法典》第一百八十四条　因自愿实施紧急救助行为造成受助人损害的，救助人不承担民事责任。

27

农历甲辰年
正月十八

星期二

二月

法律解释

侯某不需要赔偿。

紧急救助行为的构成要件主要包括三个方面：一是救助人的紧急救助行为是基于自愿，即见义勇为、助人为乐的行为；二是救助发生在紧急情势之下，即受助人的人身健康等处于紧急情况需要获得立即救助；三是受助人所受损害与紧急救助行为之间具有因果关系。如果损害的发生是因紧急救助之前或之后的救助人行为造成的，则不能适用该条法律规定予以免责。

26

农历甲辰年
正月十七

星期一

二月

精选案例（十五）

【紧急救助人不承担民事责任】

侯某紧急救助导致受助人受伤的是否要承担赔偿责任?

侯某是一名退伍军人，某日在回乡行程中发现一名中学生溺水，侯某毫不犹豫地跳入水中进行施救，但在救助过程中不慎导致被救中学生腿部局部挫伤，侯某是否需要对该学生进行赔偿?

精彩内容
扫码收听

25

二月

农历甲辰年
正月十六

星期日

法律箴言

制治于未乱，保邦于未危。

24

农历甲辰年
正月十五

星期六

二月

元宵节

相关法条

《民法典》第一百八十三条　因保护他人民事权益使自己受到损害的，由侵权人承担民事责任，受益人可以给予适当补偿。没有侵权人、侵权人逃逸或者无力承担民事责任，受害人请求补偿的，受益人应当给予适当补偿。

23

农历甲辰年
正月十四

星期五

二月

法律解释

应当由施暴男子承担，受益女子可以适当补偿。若施暴男子逃逸或无力承担，受益女子应当给予适当补偿。

《民法典》第一百八十三条的规定为见义勇为者权益保护提供了法律保障。近年来，“老奶奶摔倒了不能扶”“多一事不如少一事”等社会负能量不断困扰着人们，令许多人在应见义勇为的时候犹豫不前。《民法典》实施后，我们在遇到他人危难之时，一定要鼓起勇气，见义勇为，因为不仅有道德的支持，更有法律的保障。

22

二月

农历甲辰年
正月十三

星期四

精选案例（十四）

【见义勇为导致自己受伤的民事责任承担】

沈某救人导致自己受伤该找谁赔偿？

沈某下班回家碰上歹徒正抢劫过路女子，沈某上前制止该施暴男子，并与其发生肢体冲突。沈某在挺身制伏歹徒过程中受伤，其住院治疗的费用应当由谁承担？

精 彩 内 容
扫 码 收 听

21

二月

农历甲辰年
正月十二

星期三

相关法条

《民法典》第一百八十二条（第一款） 因紧急避险造成损害的，由引起险情发生的人承担民事责任。

20

农历甲辰年
正月十一

星期二

二月

法律解释

小梅可以要求吴某赔偿。

紧急避险是指为了使国家、公共利益、本人或者他人的人身、财产和其他权利免受正在发生的危险，不得已采取的损害另一方较小的合法利益，以保护较大的合法权益的行为。袁某紧急情况下对小梅造成财产损害，应当由引起险情的吴某承担赔偿责任。

需要说明的是，根据《民法典》第一百八十二条第二款和第三款之规定，若危险是由自然原因引起的，紧急避险人不承担民事责任，可以给予适当补偿。若紧急避险采取措施不当或者超过必要的限度，造成不应有的损害的，紧急避险人应当承担适当的民事责任。

19

农历甲辰年
正月初十

星期一

二月

雨水

精选案例（十三）

【紧急避险造成损害的民事责任】

为了躲避殴打，紧急之下骑坏路人自行车是否应当赔偿?

吴某手拿铁棒欲殴打袁某，紧急之下，袁某抢过路人小梅手里的自行车仓皇逃走，自行车在袁某逃跑过程中被撞坏，袁某逃离而去。对于自行车被撞坏的损失，小梅是否可以要求吴某赔偿?

精 彩 内 容
扫 码 收 听

18

农历甲辰年
正月初九

星期日

二月

法律箴言

造法易，执法难。

17

农历甲辰年
正月初八

星期六

二月

相关法条

《民法典》第一百八十一条　因正当防卫造成损害的，不承担民事责任。

正当防卫超过必要的限度，造成不应有的损害的，正当防卫人应当承担适当的民事责任。

16

二月

农历甲辰年
正月初七

星期五

法律解释

沈某的行为属于正当防卫，且在合理程度范围内，不需要赔偿。

正当防卫是指为了保护国家、公共利益、本人或者他人的人身财产和其他权利免受正在进行的不法侵害，而采取的制止不法侵害的行为。因正当防卫造成损害的不承担法律责任。正当防卫的本质在于制止不法侵害，保护合法权益，因此有一个必要的度，一定要在见义勇为时把握好。

15

农历甲辰年
正月初六

星期四

二月

精选案例（十二）

【正当防卫造成损害的民事责任】

退伍军人沈某见义勇为救一女子导致加害人被摔伤，沈某是否应当承担赔偿责任？

沈某是一名退伍军人，夜晚下班回家途中发现一名男子恶意侵害一女子。沈某遂上前制止，用力推开该男子，导致男子摔伤。沈某是否需要对加害人进行赔偿？

精 彩 内 容
扫 码 收 听

14

农历甲辰年
正月初五

星期三

二月

相关法条

《民法典》第一百五十条　一方或者第三人以胁迫手段，使对方在违背真实意思的情况下实施的民事法律行为，受胁迫方有权请求人民法院或者仲裁机构予以撤销。

13

农历甲辰年
正月初四

星期二

二月

法律解释

刘某可以向人民法院主张撤销。

范某以公开刘某隐私行为相威胁，迫使刘某低价出售房屋，范某的行为违法。刘某有权主张撤销该房屋买卖合同，但是应当遵守《民法典》第一百五十二条规定的主张撤销权的行使时间。

12

二月

农历甲辰年
正月初三

星期一

精选案例（十一）

【以胁迫手段实施的民事法律行为可撤销】

范某胁迫刘某低价买卖行为是否可以撤销?

刘某欲将一套住房以 50 万元出售，范某找到刘某出价 40 万元，刘某拒绝。范某威胁刘某说:“我有你隐私的材料，不答应就公开。”刘某无奈将房屋卖给范某。事后，刘某是否能够请求人民法院予以撤销?

精 彩 内 容
扫 码 收 听

11

二月

农历甲辰年
正月初二

星期日

法律箴言

法者，尺寸也，绳墨也，规矩也，衡石也，斗斛也，角量也，谓之法。

10

二月

农历甲辰年
正月初一

星期六

春节

相关法条

《民法典》第一百四十八条　一方以欺诈手段，使对方在违背真实意思的情况下实施的民事法律行为，受欺诈方有权请求人民法院或者仲裁机构予以撤销。

《民法典》第一百五十二条　有下列情形之一的，撤销权消灭：

（一）当事人自知道或者应当知道撤销事由之日起一年内、重大误解的当事人自知道或者应当知道撤销事由之日起九十日内没有行使撤销权；

（二）当事人受胁迫，自胁迫行为终止之日起一年内没有行使撤销权；

（三）当事人知道撤销事由后明确表示或者以自己的行为表明放弃撤销权。

当事人自民事法律行为发生之日起五年内没有行使撤销权的，撤销权消灭。

09

二月

农历癸卯年
腊月三十

星期五

除夕

法律解释

小琳可以要求退货退款。

小琳因买鞋行为与商家形成了买卖合同法律关系，因被售货员欺诈，在违背真实意思的情况下，达成的合同，可以要求撤销，同时主张退货退款，并可以依据《中华人民共和国消费者权益保护法》第五十五条中有关惩罚性赔偿的规定，要求销售者承担商品价款三倍的惩罚性赔偿金。

若行为人实施欺诈行为，使一方在违背真实意思的情况下实施民事法律行为，受欺诈方在知道或者应当知道该欺诈行为一年内有权请求人民法院或者仲裁机构撤销。但一定要注意，欺诈行为的撤销最长不得超过该行为发生之日起五年。法律保护合法权益，但不保护长期都不主张自己权益的人。

08

农历癸卯年
腊月廿九

星期四

二月

精选案例（十）

【以欺诈手段实施的民事法律行为可撤销】

小琳被欺诈，高价买了高仿鞋是否可以要求退货退款？

某品牌售货员以假鞋冒充品牌鞋，欺诈小琳以高价购买，小琳购鞋后发现是以次充好的高仿鞋，小琳能否要求退货退款？

精 彩 内 容
扫 码 收 听

07

农历癸卯年
腊月廿八

星期三

二月

相关法条

《民法典》第一百一十一条　自然人的个人信息受法律保护。任何组织或者个人需要获取他人个人信息的，应当依法取得并确保信息安全，不得非法收集、使用、加工、传输他人个人信息，不得非法买卖、提供或者公开他人个人信息。

06

农历癸卯年
腊月廿七

星期二

二月

法律解释

张某可以要求王某承担民事责任。

个人信息是指以电子或者其他方式记录的能够单独或者与其他信息结合识别特定自然人的各种信息，包括自然人的姓名、出生日期、身份证件号码、住址、电话号码等。根据《民法典》第一千一百六十五条规定，行为人因过错侵害他人民事权益造成损害的，应当承担侵权责任。王某出售张某个人信息并获利的行为，侵害了张某的民事权利，应当承担民事责任。如果王某出售个人信息情节严重，还将依法承担刑事责任。

05

二月

农历癸卯年
腊月廿六

星期一

精选案例（九）

【自然人的个人信息受法律保护】

张某买房时被中介泄露个人信息，导致被骚扰，是否有权要求其承担责任？

张某买房后，经常接到骚扰电话，询问是否需要办理贷款、装饰装修等。张某的日常工作生活受到了严重影响，但又不知道是谁泄露了他的个人信息。张某向公安机关报案后，公安机关经调查得知，是张某买房的某房屋中介公司经办人王某将其个人信息出售获利。张某能否要求王某承担民事责任？

精 彩 内 容
扫 码 收 听

04

农历癸卯年
腊月廿五

星期日

二月

立春

法律箴言

人民的幸福是至高无上的法。

03

二月

农历癸卯年
腊月廿四

星期六

相关法条

《民法典》第三十七条　依法负担被监护人抚养费、赡养费、扶养费的父母、子女、配偶等，被人民法院撤销监护人资格后，应当继续履行负担的义务。

02

农历癸卯年
腊月廿三

星期五

二月

法律解释

能，其父亲应负担抚养费。

《民法典》第三十七条是关于监护资格撤销后不免除抚养费、赡养费、扶养费支付的规定，监护关系与法定抚养义务关系相互独立。监护人被撤销监护资格后，虽不再履行特定监护职责，但以上法定义务具有强制性，不会因监护资格的撤销而免除。

01

农历癸卯年
腊月廿二

星期四

二月

精选案例（八）

【监护人资格被撤销后负担义务不免除】

顾某父亲被撤销监护资格后是否还要向顾某支付抚养费？

顾某母亲去世后，父亲系其唯一的监护人。2013 年开始，父亲一直在外务工，对其生活不管不顾，也未给付任何生活、学习费用，致使顾某生活无着落，求学困难。人民法院因此撤销顾某父亲的监护资格，并指定顾某爷爷担任其监护人。顾某能否要求其父亲支付抚养费？

精 彩 内 容
扫 码 收 听

贰月

贰月

SUN	MON	TUE	WED	THU	FRI	SAT
				1 廿二	2 廿三	3 廿四
4 **立春**	5 廿六	6 廿七	7 廿八	8 廿九	9 **除夕**	10 **春节**
11 初二	12 初三	13 初四	14 初五	15 初六	16 初七	17 初八
18 初九	19 **雨水**	20 十一	21 十二	22 十三	23 十四	24 **元宵节**
25 十六	26 十七	27 十八	28 十九	29 二十		

31

农历癸卯年
腊月廿一

星期三

一月

相关法条

《民法典》第三十五条（第一款） 监护人应当按照最有利于被监护人的原则履行监护职责。监护人除为维护被监护人利益外，不得处分被监护人的财产。

《民法典》第三十四条（第三款） 监护人不履行监护职责或者侵害被监护人合法权益的，应当承担法律责任。

《民法典》第一百九十条 无民事行为能力人或者限制民事行为能力人对其法定代理人的请求权的诉讼时效期间，自该法定代理终止之日起计算。

30

农历癸卯年
腊月二十

星期二

一月

法律解释

能。父母不得擅自处分婷婷的财产，婷婷成年后可以要求父母赔偿。

婷婷的父母擅自处分孩子财产的行为，侵害了婷婷的合法权益，应当承担法律责任，因此婷婷成年后可以要求父母赔偿损失。

29

农历癸卯年
腊月十九

星期一

一月

精选案例（七）

【监护人履行职责的原则与要求】

父母是否有权用孩子的压岁钱炒股?

婷婷十岁，有压岁钱八万元，父母告知婷婷先由父母替其保管，成年后便予以返还。后父母将婷婷的压岁钱用于炒股，结果亏损严重，婷婷成年后能否要求父母赔偿?

精 彩 内 容

扫 码 收 听

28

农历癸卯年
腊月十八

星期日

一月

法律箴言

法律有效力，国民便昌盛。

27

农历癸卯年
腊月十七

星期六

一月

相关法条

《民法典》第三十四条（第四款） 因发生突发事件等紧急情况，监护人暂时无法履行监护职责，被监护人的生活处于无人照料状态的，被监护人住所地的居民委员会、村民委员会或者民政部门应当为被监护人安排必要的临时生活照料措施。

26

农历癸卯年
腊月十六

星期五

一月

法律解释

父母可以请求小明住所地的居委会、村委会或者民政部门提供必要的临时生活照料。

因突发疫情，小明的父母都忙于工作，小明在家无人照顾起居。父母可以请求住所地的相关部门给小明提供照顾。

25

农历癸卯年
腊月十五

星期四

一月

精选案例（六）

【紧急情况下被监护人的临时生活照料措施】

因新冠肺炎疫情导致父母被紧急隔离，谁来照顾小孩？

小明五岁，父母均是某市医院呼吸内科的医生。因新冠肺炎疫情，父母参加抗疫工作被隔离无法照顾小明，其他亲属由于距离原因也帮不上忙。父母还可以请求谁来照顾小明？

精 彩 内 容
扫 码 收 听

24

农历癸卯年
腊月十四

星期三

一月

相关法条

《民法典》第三十四条（第一款） 监护人的职责是代理被监护人实施民事法律行为，保护被监护人的人身权利、财产权利以及其他合法权益等。

《民法典》第三十四条（第三款） 监护人不履行监护职责或者侵害被监护人合法权益的，应当承担法律责任。

《民法典》第一千零三条　自然人享有身体权。自然人的身体完整和行动自由受法律保护。任何组织或者个人不得侵害他人的身体权。

《民法典》第一千零六条　完全民事行为能力人有权依法自主决定无偿捐献其人体细胞、人体组织、人体器官、遗体。任何组织或者个人不得强迫、欺骗、利诱其捐献。

完全民事行为能力人依据前款规定同意捐献的，应当采用书面形式，也可以订立遗嘱。

自然人生前未表示不同意捐献的，该自然人死亡后，其配偶、成年子女、父母可以共同决定捐献，决定捐献应当采用书面形式。

23

一月

农历癸卯年
腊月十三

星期二

法律解释

不能，父母无权擅自捐赠小强的肾脏。

小强因精神健康状况问题不具备民事行为能力，父母作为小强的监护人，应当保护小强的合法权益包括身体完整，不得损害。侵害小强合法权益的，需要承担法律责任。

22

农历癸卯年
腊月十二

星期一

一月

精选案例（五）

【监护人的职责】

父母是否有权将患有精神病儿子的肾脏捐献给女儿?

小禾因病需要换肾，其哥哥小强是精神病人（无民事行为能力），小强的肾刚好与妹妹小禾配型成功，父母能否自行决定将小强的肾脏捐献给小禾?

精彩内容
扫码收听

21

农历癸卯年
腊月十一

星期日

一月

法律箴言

法，国之权衡也，时之准绳也。

20

一月

农历癸卯年
腊月初十

星期六

大寒

相关法条

《民法典》第三十三条　具有完全民事行为能力的成年人，可以与其近亲属、其他愿意担任监护人的个人或者组织事先协商，以书面形式确定自己的监护人，在自己丧失或者部分丧失民事行为能力时，由该监护人履行监护职责。

19

农历癸卯年
腊月初九

星期五

一月

法律解释

可以，罗某可以书面确定邓某为其监护人。

罗某与邓某协商确定监护人的形式在法律上叫意定监护。成年人的意定监护解决了一些终身未婚未育、独居、空巢、身患重病的老年人在丧失行为能力时无人监护的困境，通过协议确定由意定监护人履行监护职责。

18

农历癸卯年
腊月初八

星期四

一月

精选案例（四）

【完全民事行为能力人有权自行确定监护人】

罗某身患重病是否有权自己确定监护人？

罗某与妻子余某结婚多年，但夫妻关系不融洽。罗某经检查得知自己身患重病，担心妻子余某虐待自己，侵吞自己的财产。罗某是否能与其信任的好朋友邓某约定在自己病情恶化、意识模糊后由邓某担任其监护人？

精 彩 内 容
扫 码 收 听

17

农历癸卯年
腊月初七

星期三

一月

相关法条

《民法典》第二十三条　无民事行为能力人、限制民事行为能力人的监护人是其法定代理人。

《民法典》第一千一百八十八条（第一款）　无民事行为能力人、限制民事行为能力人造成他人损害的，由监护人承担侵权责任。监护人尽到监护职责的，可以减轻其侵权责任。

16

农历癸卯年
腊月初六

星期二

一月

法律解释

有法律依据，小勇父母应赔偿车辆损失。

熊孩子小勇将张某的车划伤，造成财产损害，父母作为小勇的监护人，应当承担赔偿责任。需要注意的是，根据《民法典》第一千一百八十八条第二款规定，有财产的无民事行为能力人、限制民事行为能力人造成他人损害的，从本人财产中支付赔偿费用；不足部分，由监护人赔偿。

15

农历癸卯年
腊月初五

星期一

一月

精选案例（三）

【无民事行为能力人、限制民事行为能力人的侵权行为由监护人承担】

熊孩子小勇划伤邻居的车，其父母是否应当赔偿?

上小学的熊孩子小勇在小区内玩耍过程中将邻居张某的车划伤，通过调取小区监控，张某发现是小勇所为，于是找到小勇父母要求赔偿，遭到小勇父母拒绝。张某要求小勇父母赔偿是否有法律依据?

精 彩 内 容
扫 码 收 听

14

农历癸卯年
腊月初四

星期日

一月

法律箴言

守一而制万物者，法也。

13

农历癸卯年
腊月初三

星期六

一月

相关法条

《民法典》第二十条　不满八周岁的未成年人为无民事行为能力人，由其法定代理人代理实施民事法律行为。

《民法典》第一百四十四条　无民事行为能力人实施的民事法律行为无效。

12

农历癸卯年
腊月初二

星期五

一月

法律解释

由于多多未满八周岁，属于无民事行为能力人，其将母亲结婚钻戒赠送给明明的行为无效，可以要求返还。

无民事行为能力人因年龄过小、智力发育不成熟或者精神健康状况存在问题，不能辨认自己的行为后果，如果承认其实施的行为具有法律效力，则可能既不利于行为人自身利益的保护，也会损害他人的利益。而且，基于对无民事行为能力人保护考虑，法定代理人不得事先授权或事后追认无民事行为能力人所独立实施的民事法律行为。

11

农历癸卯年
腊月初一

星期四

一月

精选案例（二）

【无民事行为能力人实施民事法律行为的效力】

七岁的多多给好朋友赠送钻戒是否有效?

七岁的多多外出玩耍时，将母亲的结婚钻戒携带出门送给了好朋友明明，多多的父母得知后能否要求明明返还?

精 彩 内 容
扫 码 收 听

10

一月

农历癸卯年
十一月廿九

星期三

相关法条

《民法典》第十九条　八周岁以上的未成年人为限制民事行为能力人，实施民事法律行为由其法定代理人代理或者经其法定代理人同意、追认；但是，可以独立实施纯获利益的民事法律行为或者与其年龄、智力相适应的民事法律行为。

09

农历癸卯年
十一月廿八

星期二

一月

法律解释

父母有权要求游戏平台返还。

八周岁以上到十八周岁以下的未成年人为限制民事行为能力人，其实施的纯获利益的民事法律行为或者与其年龄、智力相适应的民事法律行为有效；实施的其他民事法律行为需经法定代理人同意或者追认后有效。

08

一月

农历癸卯年
十一月廿七

星期一

精选案例（一）

【限制民事行为能力人实施民事法律行为的效力】

初中生小斌冲动消费五万元游戏装备，父母是否可以要求游戏平台返还?

15 岁的小斌上初中，迷上了电脑游戏，在玩游戏过程中一时冲动使用其母亲手机充值了五万元用于购买游戏装备，父母发现后能否要求游戏平台返还?

精 彩 内 容
扫 码 收 听

07

农历癸卯年
十一月廿六

星期日

一月

民法典基本知识——侵权责任编

侵权责任是民事主体侵害他人权益应当承担的法律后果。2009年通过的侵权责任法实施以来，在保护民事主体合法权益、明确侵权责任、预防和制裁侵权行为方面发挥了重要作用。民法典侵权责任编在总结侵权责任法实践经验的基础上，针对侵权领域出现的新情况，回应社会关切，广泛听取和吸收各方面意见，借鉴司法解释的有益做法，体现法学理论研究的最新成果，对侵权责任制度作了必要的补充和完善。侵权责任编共十章、九十五条。

06

农历癸卯年
十一月廿五

星期六

一月

小寒

民法典基本知识——继承编

继承制度是关于自然人死亡后财富传承的制度。1985 年六届全国人大三次会议通过了继承法。继承法实施以来，随着人民群众生活水平不断提高，个人和家庭拥有的财产日益增多，因继承引发的纠纷也越来越多。根据我国社会家庭结构、继承观念等方面的发展变化，继承编在继承法的基础上，修改完善了我国的继承制度，以满足人民群众处理遗产的现实需要。继承编共四章、四十五条，对法定继承、遗嘱继承和遗赠、遗产的处理等制度作了规定。

05

一月

农历癸卯年
十一月廿四

星期五

民法典基本知识——婚姻家庭编

随着经济社会文化的发展和社会主要矛盾的变化，我国进入新的历史时期，婚姻观念、家庭关系也发生了很大变化，婚姻家庭领域也出现了一些新情况。为进一步弘扬夫妻互敬、孝老爱亲、家庭和睦的中华民族传统美德，体现社会主义核心价值观，促进婚姻家庭关系和谐稳定，婚姻家庭编以婚姻法和收养法为基础，在坚持婚姻自由、男女平等、一夫一妻等基本原则和特别保护妇女、未成年人和老年人权益的前提下，结合社会发展的需要，修改了部分规定，并增加了一些新规定。婚姻家庭编共五章、七十九条。

04

一月

农历癸卯年
十一月廿三

星期四

民法典基本知识——人格权编

人格权编坚持以人民为中心，顺应人民群众对人格权保护的迫切需求，在现行有关法律法规和司法解释的基础上，对人格权的一般规定以及各种具体人格权作了较为详细的规定，为人格权保护奠定和提供了充分的规范基础。本编分为六章，共五十一条，规定了自然人所享有的人格权和法人、非法人组织享有的人格权，包括人格权的一般规定（第一章）以及各项人格权的具体规定（第二章至第六章）。

03

农历癸卯年
十一月廿二

星期三

一月

民法典基本知识——合同编

合同制度是社会主义市场经济的基本法律制度。1999 年九届全国人大二次会议通过了合同法。合同法的实施对保护当事人合法权益、促进商品和要素自由流动、实现公平交易和维护经济秩序发挥了重要作用。民法典合同编设三个分编，共二十九章，共为五百二十六条。合同编规定了合同的调整范围、合同解释等一般性规定，修改完善了合同的订立、效力、履行、保全、变更和转让以及违约责任等合同基本制度；在合同法规定的十五类典型合同的基础上，增加了保证合同、保理合同、物业服务合同、合伙合同四类典型合同，共规定了十九类典型合同；对无因管理和不当得利的一般性规则作了规定。

02

一月

农历癸卯年
十一月廿一

星期二

民法典基本知识——物权编

物权是民事主体依法享有的重要财产权。物权法律制度调整因物的归属和利用而产生的民事关系，是最重要的民事基本制度之一。2007 年十届全国人大五会议通过了物权法。民法典第二编“物权”在原物权法的基础上，按照党中央提出的完善产权保护制度，健全归属清晰、权责明确、保护严格、流转顺畅的现代产权制度的要求，结合现实需要，进一步完善了物权法律制度。物权编共五个分编、二十章、二百五十八条。

01

一月

农历癸卯年
十一月二十

星期一

元旦

民法典基本知识——总则编

2020年5月22日，十三届全国人大三次会议在北京召开。5月28日下午，在第三次全体会议上，表决并高票通过了《中华人民共和国民法典》。

民法典总则编规定民事活动必须遵循的基本原则和一般性规则，统领民法典各分编。总则编基本保持2017年3月十二届全国人大五次会议通过的《中华人民共和国民法总则》的结构和内容不变；同时，根据法典编纂体系化要求进行了适当调整，对个别条款作了文字修改，以使法典各编的表述整体统一。总则编共十章、二百零四条，规定了民法基本原则，自然人、法人和非法人组织等民事主体，民事权利，民事法律行为和代理，民事责任和诉讼时效等基本民事制度。

精 彩 内 容
扫 码 收 听

壹月

壹月

SUN	MON	TUE	WED	THU	FRI	SAT
	1 **元旦**	2 廿一	3 廿二	4 廿三	5 廿四	6 **小寒**
7 廿六	8 廿七	9 廿八	10 廿九	11 **腊月**	12 初二	13 初三
14 初四	15 初五	16 初六	17 初七	18 初八	19 初九	20 **大寒**
21 十一	22 十二	23 十三	24 十四	25 十五	26 十六	27 十七
28 十八	29 十九	30 二十	31 廿一			

前言

2024年是民法典实施的第四年，也是民法典日历出版的第四年。四年来，民法典逐渐深入人心，社会普法工作卓见成效，民法典日历也得到了越来越多读者的认可，在此感谢读者对民法典日历及出版社的喜爱和支持。

接续往年，2024年的日历在日期查看功能基础上，精心挑选涵盖婚姻、继承、合同、物权、人身等方面的101个生活案例，分析案情、普及法律常识。案例按照每周两组依次排列，每周一及周四为精选案例，每周二及周五为相应的法律分析，每周三及周六为相关法条的列举。每组案例都配有音频，从日历中扫码即可收听。每周日的“法律箴言”板块，筛选了法律著作中的经典名句和名人名言，传承法律思想，弘扬法治精神。

此外，每年5月28日是民法典宣传日，今年的5月27日至6月2日这一周专门选取了一些习近平总书记关于民法典的重要论述，用以阐明民法典的重要意义，使依法治国方略更加深入人心。

民法典日历已陪伴读者走过三个春秋，也将继续为您的生活保驾护航，助您新年乘风破浪。

獬豸

（xiè zhì）

它是中国古代神话传说中的神兽，额上通常长一角。獬豸拥有很高的智慧，懂人言知人性。它怒目圆睁，能辨是非曲直，能识善恶忠奸，是“正大光明”“清平公正”“光明天下”的象征。

无规矩不成

二〇二四

民法典日历

中国民主法制出版社